如果能追随理想而生活，本着自由的精神、勇往直前的毅力、诚实不自欺的思想而行，则定能臻于至美至善的境地。

——【法】居里夫人

居里夫人的故事

[英] 埃列娜·杜尔利○著　石学文○编译

长江出版传媒
长江文艺出版社

图书在版编目（CIP）数据

居里夫人的故事 / （英）埃列娜·杜尔利著；石学文编译. -- 武汉 ：长江文艺出版社，2017.1（2024.7 重印）
（百读不厌的经典故事）
ISBN 978-7-5354-9210-4

Ⅰ. ①居… Ⅱ. ①埃… ②石…Ⅲ. ①居里夫人（Curie，Marie 1867-1934）－传记－青少年读物 Ⅳ. ①K835.656.13-49

中国版本图书馆 CIP 数据核字（2016）第 250722 号

责任编辑：钱梦洁　　　　　　　　　责任校对：毛季慧
封面设计：笑笑生设计　　　　　　　责任印制：邱　莉　　胡丽平
插　　图：闫　林

出版：长江出版传媒 ｜ 长江文艺出版社

地址：武汉市雄楚大街 268 号　　　　邮编：430070
发行：长江文艺出版社
http://www.cjlap.com
印刷：武汉市首壹印务有限公司

开本：720 毫米×1020 毫米　　　1/16　　印张：11.5　　插页：2 页
版次：2017 年 1 月第 1 版　　　　2024 年 7 月第 18 次印刷
字数：103 千字

定价：22.00 元

目录

第一章　玛尼娅的歌声

　　为什么？这到底是为什么呢？为什么不让玛尼娅读书？玛尼娅可以问她温柔美丽的母亲，可她没问，只是用她那固执的小脑袋苦恼地想着。玛尼娅有一头漂亮的金发，一双灰蓝色的眼睛可爱动人，仿佛能看懂很多事。

　　为什么每次都是这样？"为什么我就不能读书？"她嘟着嘴自言自语道。每次只要她刚拿起书时，马上就有人喊道"亲爱的玛尼娅，去花园玩吧"，要不就是"玛尼娅，你看你都一天没玩过你的布娃娃了，你不想它吗"，或者是"聪明的玛尼娅，你能用那些积木给我建造一所房子吗"。他们这些"诡计"，玛尼娅都一清二楚。在他们看来，她读书就是在调皮，但她二姐布罗尼亚读书，却像是理所当然的。有趣的是她能读懂很多文字，二姐却读不懂。所以，当她有天从布罗尼亚手中抢过书看的时候，让她觉得难以理解和接受的事情发生了。大人们说她在胡闹。她心里很委屈，不知道是怎么回事。

当时，她们在叔父的果园里，躺在草地上觉得很无聊，所以就用字母牌拼单词玩儿。回到家后，父亲对布罗尼亚说："让我看看你书读得怎么样了。"布罗尼亚低垂着头，小声地结结巴巴地半天才拼出一个单词，玛尼娅看不下去了，从她手中一把夺过书，流利地读了起来。"玛尼娅！"母亲惊讶地叫出了声，激动不已。父亲却板着脸，而布罗尼亚先是红着脸，惭愧不已地瞥着父亲母亲，而后看向玛尼娅的眼神中充满了怒火。玛尼娅不知如何是好，突然嘤嘤地哭了起来："对不起，请原谅我……我不是故意这么做的。"

从那天开始，玛尼娅就被禁止读书了，现在，她正站在母亲的房门外，不知道自己应该做什么。整个上午，她都穿梭在长长的卧室走廊上，为布罗尼亚运送用木头做成的"弹药"，因为她要攻打哥哥约瑟夫和三姐海娜用积木搭建的"要塞"。这场体力活让她又累又热，在坚持不下去的时候，她退出了游戏。一个人可不好玩！找到姐姐卓希雅后，"我们去花园玩吧！"玛尼娅对姐姐说，姐姐愉快地答应了。

卓希雅虽然才 12 岁，但在约瑟夫、海娜、布罗尼亚和玛尼娅他们四个眼里，她就像一个大人。玛尼娅从 4 岁就开始读书，而在她被禁止读书的那天，她才 5 岁。斯可罗多夫斯基夫妇不想让他们聪明可爱的小女儿过早地感受到功课上的压力，所以才不让她读书，但他们却没有把这个理由告诉她。

花园外面有围墙，里面很大很平坦，园中有一块草地被踩得光秃秃的，除此外，都是绿油油的草地，还有很多树。她们每次来这里玩，都玩得很尽兴、很开心，但每次进出花园时，她们都会变得提心吊胆、小心翼翼，因为她们必须经过一扇窗户，那里面住着可怕的"食人魔"！花园是属于男子中学的，而斯可罗多夫斯基一家和"食人魔"都住在学校里。尽管被妹妹弟弟当作大人，但卓希雅也会紧张害怕，"嘘……"她每次和玛尼娅猫着腰走到窗前时，都会将一根手指放在嘴边，示意妹妹脚步轻点。

玛尼娅虽然只有五岁，懂的事却不少。她知道这个"食人魔"是个俄国人，这个俄国人就像一个吃人的魔鬼，是瓜分玛尼娅祖国的人之一。他们伙同另外两个强盗，侵略她的祖国波兰，把它一分为三。而这个恶魔却是这所学校的校长，她的爸爸就在这所学校里教数学和物理。"食人魔"在这里的目的，就是为了监视这里的波兰人，将他们从言谈举止等方面彻底地改造成俄国人。所以，玛尼娅知道，在恶魔的眼皮底下，他们必须时刻都提高警惕，万分小心，免得给自己带来危险。

玛尼娅虽然住在城市，却深深知道，乡下有一个可爱而有趣的地方，她的叔叔、婶婶、堂兄、堂姐，还有其他很多人，都住在那里。那里有条清澈的小溪，可以在溪边玩泥巴，做成泥饼。那儿还有棵很古老的酸橙树，他们7个堂兄弟姐妹们常常坐在树上，吃着树上结的果子，别提有多开心了。当她去乡下时，他们总是把她拉到树上，坐在枝叶茂盛的树枝上，随意摘果子吃。每当这个时候，玛尼娅就像一个粗野的"小农夫"。

那个时候，母亲还在世，玛尼娅知道，这个世界上，母亲是最爱她的。她觉得母亲是最美的，她喜欢母亲好听的歌声，也喜欢在她睡觉前母亲以特有的方式轻轻地抚摸她的头发和前额。晚饭时，全家人一起跪在饭桌前对上帝祈祷，让母亲的病快点好起来，玛尼娅并不知道这是因为母亲生病了，她更不知道，母亲在她睡前从不吻她，也是因为她生病了①。

玛尼娅生于 1867 年 11 月 7 日。她叫玛丽娅，但通常被叫作玛尼娅或玛妞西娅，除此外，她还有一个比较奇特的昵称——安秀佩西欧，因为波兰人喜欢昵称。大姐卓希雅曾给她讲过关于安秀佩西欧的故事。她讲得比任何人都要好，而且常常亲自给弟弟妹妹表演一些她自己编的小戏剧，她表演出色，经常逗得玛尼娅咯咯咯地大笑，而有时却把玛尼娅吓得小脸发白。以至于后来玛尼娅有相当长一段时间不知道她生活的这个国家、她的邻居是真实存在的，还是故事里的人物是真实的。

回到屋里后，她们发现爸爸刚从学校回来，正坐在家里最大最舒适的书房里，她们便蹑手蹑脚地走进去，发现母亲正在给玛尼娅做鞋。母亲手中的剪刀快速地咔嚓咔嚓地剪着坚硬的皮革，然后用蜡线将两块皮革缝紧，再用锤子敲紧鞋钉，这样，一双鞋子就快完

---

① 玛尼娅的母亲患的是结核病，这个病容易通过唾液传染，所以她从不亲吻玛尼娅。

工了。虽然这个粗活看着简单，做起来却不容易，但在母亲瘦削、白净、灵巧的手中，却如蝴蝶穿花般轻盈。因为五个孩子每年都要穿很多双鞋子，生活所迫，她不得不这么做。

这天晚上，爸爸说起了"食人魔"，他常谈起他。"食人魔"就是他们家挥之不去的噩梦。最近，"食人魔"凶狠地惩罚了一个在语法上出了错误的波兰小孩。俄语是世界上最难学的语言之一，当时，爸爸忍无可忍地说道："先生，即使您是俄国人，有时也难免会在语法上出错啊。""食人魔"没有出声，只是恶狠狠地盯着他，就连眉毛都竖了起来，他没有立即展开报复，而是等待机会，直到第二年才爆发。

爸爸说完后，玛尼娅在书房里走来走去，一边摸着自己心爱的小饰物，一边想着自己的心事。她尽量不发出任何声响，因为哥哥姐姐们正围在爸爸的书桌前做功课。墙上挂着一位名家画的风格华丽的主教肖像画，但玛尼娅却一点也不感兴趣。她喜欢桌子上的那个钟表，一直站在那儿盯着它，听着它轻微而清晰的滴答声，听得出了神。

她的手指在色彩斑斓的大理石桌面上轻轻地滑动着，这个桌子的材质产于西西里岛，她非常喜欢。但她讨厌桌子上放着的那个赛夫勒瓷杯，因为它易碎，所以她很小心地避开了，以防打碎后有什么可怕的事情发生。桌子上还有一些神秘的珍宝也不能碰，它们有着可爱的、长长的、很美的名字，但这些名字却让人很难理解。比如挂在墙上的气压计，爸爸每天都会在她们几个不解的目光下，认真地对它们进行检查，而且，玻璃柜里还放着试管、灵敏的天平、各种矿石和金箔验电器。

有天，玛尼娅禁不住自己的好奇心，"爸爸，这些是……"她问道。

爸爸摸着玛尼娅仰起的小脑袋，半开玩笑半认真地答道："这些啊，都是物理仪器。"

不管是爸爸，还是玛尼娅自己，他们都想不到，她往后的几十年里，这些仪器都与她的人生和命运紧紧地连在了一起。虽然她不懂这个古怪的词儿是什么意思，但她很喜欢，于是开始不由自主地大声念了起来：

物—理—仪—器。

物—理—仪—器。

第二章　玛尼娅在学习

玛尼娅的学校很奇怪，所以她也要跟着学做一些奇怪的事。比如：违规后，要怎样迅速地掩饰这种行为；如何表现出正在做的事是自己不愿做的；如何逃过政府视察员的眼睛。玛尼娅聪明伶俐，在这些事情上一点就通。可能是因为她擅长于做这些事，所以教她的老师和校长觉得她是一个很好的帮手，为学校省了不少麻烦，并不是一个只会惹祸的小女孩，这好像有点奇怪。

有天，玛尼娅跟同学们正在专心致志地上历史课，虽然全班25位女同学和老师都知道，这些波兰历史是被禁止传播的，但又有谁不想了解自己国家的历史呢？

除了10岁的玛尼娅外，班上其他同学都是12岁，所以她被安排坐在第三排靠窗的位置，往窗外看去，草地上还落着一层厚厚的积雪。全班同学都穿着深蓝色的校服，白色的衣领，金色的纽扣，很漂亮。她们都留着辫子，用一只发夹夹在脑后。她们一边用心地听着课，一边还要留意门铃声，因为她们上的是一堂禁课，到处都有俄国人的耳目，不得不防，要不然可能会被抓走。

玛尼娅被老师点名回答问题，她的历史课成绩是班上最好的，因此老师喜欢点她的名。除历史外，她的算数、文学、德语、法语也位列前茅。现在她正在回答的是关于波兰国王斯塔尼斯拉斯·奥古斯特的问题。

"他于1764年当选波兰国王，他聪明，受过高等教育，有很多诗人和艺术家朋友。他知道波兰落后的原因，但缺少雄才大略的他，没有实现让波兰强大起来的愿望……"玛尼娅一口气说完这些，她的语气里充满了深深的遗憾，她虽然年龄小，却知道胆略是国王必须要有的。"叮——叮——叮——叮——"突然响起的铃声让每个人心里都是一颤，但紧接着她们冷静地开始了行动——在老师杜普希雅的指挥下，同学们都将自己的波兰历史书收集起来，再由五个同学把它们藏到宿舍里。而其他同学则拿起自己的针线，在棉布上绣起扣眼，仿佛什么事都没发生过一样。

这时，俄国视察员突然闯进了教室，女校长忐忑不安地跟在他身后，她无法拦住他的脚步，担心刚才预警的两长两短的铃声，有没有让孩子们掩饰起一切"不合法"行为，但当她看到孩子们都在做针线活后，她心里的一块石头总算落了地。刚才负责藏书的那五个孩子有点气喘吁吁，但这个视察员并没有注意到这些。

视察员霍恩堡坐了下来。他是个留着光头的胖子，但依然比较英俊，他穿着黄色的裤子，蓝色外套上镶了几颗闪着银光的扣子，更是显得他气度不凡。教室里的气氛异常压抑，他犀利的目光扫了扫孩子们，厌烦地盯着杜普希雅摊开在桌子上的书：

"她们干活的时候，你在读那个吗？那是什么书？"

"克雷洛夫①的《寓言集》，我们今天才开始学的，先生。"

这本书霍恩堡很熟悉，对她表示了赞许。他顺手打开一张桌子的抽屉后，发现里面什么都没有。孩子们停下了手中的活，礼貌地等着他的提问。尽管她们表情平静，眼神里却充满了恐惧，而他是看不到的，除此外，她们没有露出任何蛛丝马迹。

"小姐，请你让一名学生站起来。"

听到这话，神经一直紧绷的杜普希雅稍稍心安，她有一个很完美的人选。但她不知道的是，她心里的这个人选，此时正在祈祷别点她名。"别叫我，上帝，千万别叫到我，上帝保佑……"但她没有听到上帝说："玛尼娅，她们都在等着你去做那些你不愿做的事情呢！"接着便听到杜普希雅的叫声："玛尼娅！"

她不得不站起来，突然感觉全身忽冷忽热，她有一种难以言说的耻辱感。

"背诵祈祷文！"霍恩堡命令道。

———————————

① 克雷洛夫（1769—1844）：俄国人，世界著名寓言家。

玛尼娅只能服从这个可恶的光头，她被迫用俄语——而不是按照自己国家的惯例用拉丁语——背诵起来。

"说出叶卡捷琳娜二世后各个神圣的俄国国王的名字。"

"叶卡捷琳娜二世，保罗一世，亚历山大一世，尼古拉一世，亚历山大二世。"玛尼娅用熟练的俄语回答道，就好像她出生于俄国一样。

"国王的名字和尊称你可知道？"

"女皇陛下，亚历山大太子殿下，大公殿下……"

"那么，是谁统治着我们？"

玛尼娅犹豫了。

"快说！是谁?!"霍恩堡恼怒地追问道。

"亚历山大二世陛下。"玛尼娅小心翼翼地答道，脸上一片惨白。

霍恩堡满意地走了，他所看到和听到的一切，说明他的工作并没有失职，并且取得了很大的成效。而玛尼娅却大哭了一场，她难过得心都要碎了。

放学后的街道上，孩子们激动地给前来接她们的母亲或保姆讲着今天发生的事。但她们只能小声说着，因为任何一个路人都可能是密探，他们会把可疑的人和事报告给俄国人——即使小孩子说的话也一样。

姑姑卢希雅两手分别牵着玛尼娅和她姐姐海娜。"视察员今天让玛尼娅回答问题了，"海娜低声道，"她真的很勇敢，后来却不知怎么就哭了，不过，视察员没发现任何问题。"

玛尼娅沉默着，她恨透了这一切：她恨自己的懦弱，恨自己属

我要把人生变成科学的梦，然后再把梦变成现实。

——【法】居里夫人

于一个被奴役的民族，恨自己一直不得不撒谎。当她贴着姑姑的手臂时，她想起了令自己愤恨不已的一件事：因为当众顶撞"食人魔"，父亲被免了教授职位，他们家不得不收留几个寄宿的学生，收取一定费用来维持生活。虽然这很糟糕，让他们缺少了一种家里应有的感觉，但跟永远失去姐姐卓希雅这件事相比，这真的不算什么。姐姐经常给她讲各种故事，还喜欢跟她聊天，可是，她感染了伤寒，离开了这个人世。

阳光照得人身上暖暖的，姑姑带着她们从公园的雪地上走过，来到华沙古城。这里有着狭窄的街道和高楼，高高的斜面的屋顶上还铺着一层积雪。走着走着，会突然看到些古怪的雕像，比如圣母玛利亚的雕像或是各种石雕动物。

这时，寒冷的空气中回荡起教堂神圣的钟声。玛尼娅才发现，那儿有很多教堂，几年前，她们还来这里做过弥撒。姑姑领着她们，穿过黝黑的门洞，走了进去。没有了卓希雅的陪伴，玛尼娅怎么敢进去呢？但她还是进了，因为姐姐刚去世，她不想让母亲再离开她，这种感觉是那么令人恐惧，她想向上帝祈祷，让母亲快点好起来。"上帝，请你保佑母亲健康长寿，"她用心在祈祷，"求你了，上帝。"

从教堂出来后，冬天清冷的气息再次扑面而来。姑姑说要带她们去维斯瓦河①边，从那里买些苹果带回家。听到要买好吃的，姐

---

① 维斯瓦河：是波兰最长的河流，最后流入波罗的海。

妹俩暂时忘了伤心的事情，飞奔着跑向河边。维斯瓦河浑黄的河水奔腾着向前流去，越过一个又一个沙滩。一只只巨大的、空荡荡的船只飘在码头上，随着水面的起伏，不时碰撞着岸边的浴室和洗衣房。

在这寒冷的季节里，只有两艘装满苹果的货船缓缓驶来，看到这些，孩子们的生活才显得有些生机，它们从遥远的上游驶来，运来了孩子们最喜欢的大大的红苹果。船老板穿着厚重的羊皮大衣，随着船的摇晃，他步子有些可笑地在船上走来走去，用手拨开防止苹果被冻而盖在上面的草，一边拿起几个又红又大的苹果，向周围的顾客表示："你们瞧，这多好，红彤彤的，它们可没被冻坏。"

海娜最先忍不住了，紧接着就是玛尼娅，她们将手套和书包扔在一旁，跳到船上挑起了苹果，并把好的装进用柳条编成的篮子里，而碰到坏的，就扔到水里，还比谁扔得更远。

终于挑完了，姑姑雇了一个男孩，帮她们把苹果运回家。一路上，她们都在大口嚼着甜甜的苹果。

到家已经五点了，吃过一顿丰盛的晚餐后，孩子们围着桌子做起了作业。过了一会，朗读课文的孩子变得牢骚满腹。这简直太可恶了：除了波兰外，还有很多地方也被要求用俄语学习功课，更困难的是，用俄语学数学，而法语、德语的语法居然也要用俄语来学，遇到不懂的就必须查俄文字典。他们可以用自己的母语相互交流、答疑解惑，但第二天早上上课时，又要被迫讲俄语，还要用俄语解答几何题。他们不得不用俄语写文章，还要把法语翻译成俄语。这样的规定，让她们的学习变得越来越艰难。

但这些却丝毫难不倒玛尼娅，她就像个魔术师，举手投足间，都充满了神奇和不可思议。她似乎不用学习，就能理解很多东西，比如俄语诗歌，她读两遍就能完整无误地背下来，这真是令人难以置信。热心的她在做完自己的作业后，还要帮助别的同学学习。然而，天才也不是每次都这样，她也有错的时候。

有时，她把书摆在两肘间的书桌上，捂住双耳，因为姐姐海娜读书的声音太大了，她不想受她影响——其实她不需要这样。她在专心看书时，世界上仿佛只有她一个人，即使家人联合起来，故意开她的玩笑，即使他们的吵闹声大到可以掀翻整个屋顶，她也根本听不见。这种高度集中的注意力，很多人并不具有，而对玛尼娅来说，它就像是上天馈赠给她的最好的礼物。

还有一次，在她看书时，同学们在她身后用椅子搭了一个很高的架子，椅子被一把一把地摞起来，她身体两侧和背后全都是椅子。但是，玛尼娅却没有听到任何声音，更没有看到这些椅子，也没有听到那些搞恶作剧的同学的坏笑声，所以，当她做完功课抬起头时，所有的椅子都横七竖八地翻倒在地。同学们发出"阴谋"得逞后的欢笑声，但玛尼娅却无所谓地揉揉被碰到的肩，去了另一间屋子。走过那些比她年龄还大的同学面前，默默地扫了他们一眼，似乎在说——没意思！

睡觉时，家里的女孩子就只能挤在餐厅里的毛毯上，因为卧室租给了寄宿的学生。夜里，毛毯常常会从身上滑下去，她们就会被冻醒。每天天不亮她们就要起床，要提前整理好餐厅，因为那些寄宿的学生要吃早饭。

而这些对玛尼娅来说，真的不算什么，最让她忧心的是母亲的病情愈加恶化，就连幼小的她也看得出来。她经常向上帝虔诚地祈祷，希望母亲快点康复，但这一切都没能挽留住母亲。在她快满 11 周岁的那个春天，母亲去世了。临终前，她声音很轻地对着她的小女儿说："我爱你。"

姐姐和母亲相继去世，以及生活中的种种磨难，给年幼的玛尼娅的心理上造成了难以愈合的创伤，但也使她学到了很多东西，她明白了，生活是需要勇气的，不仅是国王，各民族的大人、小孩同样都需要。在这点上，她体会很深。即使生活对她如此不公，如此残酷，即使她不知道这是为什么，但生性倔强的她，一定不会向命运低头！

第三章　反抗

　　玛尼娅14岁了，但她没有姐姐们长得漂亮。二姐布罗尼亚已经出落成了一个大姑娘，她一袭及地长裙，一头金发束在脑后，挽成发髻。自从母亲去世后，她就长成了大人，管理家务，照料寄宿学生的饮食起居。三姐海娜也16岁了，她漂亮端庄、身形颀长，十足是个大美人。而哥哥约瑟夫身材高大、英俊潇洒，现在已考上大学学起了医学。

　　姐妹三人也想上大学，但是在处于被俄国人统治下的波兰，女孩子是不能上大学的。如果想学到更多的东西，那就只能自学或者出国留学。

　　玛尼娅上了高中，对她来说，这就像是松鼠吃到了很多的果仁，心里当然很高兴。可是布罗尼亚没有上大学，这可怎么办？玛尼娅变得闷闷不乐。她心里忽然冒出一个念头：自己就不能想个办法让姐姐去国外留学吗？她决定打工挣钱供姐姐上大学。对！就这么办！但挣钱的前提是，要先顺利完成学业。

有天早晨，玛尼娅上学就要迟到了，她匆匆地吃完早餐，然后切开一块面包，准备做个羊肉三明治，带到学校当作午饭。但蓝赛特突然窜了出来，差点从她手上抢走了那块羊肉。蓝赛特是一只红色的赛特种狗，全家人都很喜欢它。它很漂亮，却干了很多坏事。它的耳朵、尾巴和四只脚上有着金黄色的毛。它本来是一只听话的猎犬，但却没有经过训练。

玛尼娅和哥哥姐姐们对它很宠溺，总是亲亲它的毛发，把它成了一只宠物狗，以至于它如此"嚣张"：肆无忌惮地睡在沙发上；尾巴扫掉了桌上的花瓶；偷吃别人的午饭；汪汪汪地对着客人大叫，让客人胆战心惊；叼走客人的礼帽和手套，等找到时，已经被它弄得看不出原来的样子了。

最终，玛尼娅还是在"对阵"蓝赛特的"战斗"中取得了胜利，她成功备好了午饭，背上书包，把蓝赛特留在家里，一路跑向学校。

在扎莫伊斯基伯爵的蓝色府邸前，她停了下来，那里有两尊用青铜做成的雄狮雕像，就像是这个古老的宫殿的守护神。玛尼娅走上前，将它嘴里的铜环翻起，挂到它的鼻子上。

"别走，玛尼娅，"玛尼娅突然听见有人叫她的名字，"卡佳马上就来。"原来是卡佳的母亲。卡佳是伯爵图书馆管理员的女儿。她们约定每天在此碰面，然后一块去学校。如果卡佳没能按时到达这里，玛尼娅就会把狮子嘴里的铜环挂到它的鼻子上，这样卡佳就知道她已经经过这里了。

"下午来家里喝茶吧，"卡佳的母亲热情地说道，"还有你最喜欢吃的巧克力呢。"

"是呀，玛尼娅，一定要来哦！"卡佳说道，"哎呀！不好！我们是不是要迟到了？赶紧走！"

她们匆匆地穿过街道和公园，一路并肩向学校赶去。但走在一起的两人，却丝毫没有意识到彼此之间的差距——谁都能看出来的差距：卡佳穿着讲究，打扮得体，一看就是深受父母宠溺的孩子；而玛尼娅的穿着就比较寒酸了，可又有谁知道，她所经历的磨难呢？

每天到学校，都要走很远的路，所以她们经常说说笑笑地一路向前走去，时间充裕时，还能玩点小游戏呢。比如雨天时，她们就穿着雨鞋走过水最深的地方，溅起的水花洒在彼此身上，两人都开心不已；而晴天呢，她们就玩一种与"绿"有关的游戏。

"我要到商店买本新练习本，"玛尼娅说道，"那种练习本太好看了，它有绿色的封面……"

但卡佳反应极快，玛尼娅刚说到"绿"字，而且话还没说完的时候，卡佳马上就拿出一块绿色的绒布，她早就放在了口袋里，就是怕输了被罚。这么轻易地就让她赢了，玛尼娅不想继续玩了，她将话题转到了上次的历史课上。当时，老师居然说波兰只是俄国的一个省，而波兰语只不过是俄国的方言而已，这太荒唐了。

"但他这样说时，好像很不安，"玛尼娅说道，"你看见了吗，他都不敢看我们，而且他脸上的表情很奇怪。"

"我也发现了，"卡佳说道，"他的脸都变绿了。"这时，她看到玛尼娅恰巧正在捻弄着一片绿色的树叶。

突然，玛尼娅叫了起来："我们走过纪念碑了，赶紧往回走。"她们又重新走回萨克斯广场。广场上有根由四只石狮子撑起的圆柱，上面写着："献给拥护沙皇统治的波兰人。"有的波兰人背叛自己的国家，帮着俄国人欺诈压迫自己的同胞，这些人死后，俄国人就建了这个所谓的"纪念碑"。所有忠心爱国的波兰人每次经过这里，都要向纪念碑吐几口唾沫，这似乎成了他们的责任。而玛尼娅和卡佳也不例外，即使走过后也要走回来，即使快要迟到了，也不忘厌恶地往碑上吐几口唾沫。

"今晚有舞会，你去看吗?"玛尼娅问道。卡佳肯定会去的。每周，都有好几家人在斯可罗多夫斯基家里举办舞会，但是，像她们两个没能达到年龄的女孩是不能参加的，只能无可奈何地坐在一边，看着大家跳。但她们可没闲着，在音乐声中，她们一边暗暗研究着舞步的动作，一边低声讨论着，等大家都跳完后，她们就自己开始练习。

她们一边兴高采烈地说着舞会的事，一边走进了学校的拱形大门。这会儿正是上学时间，同学们从各个方向、三三两两地走进这个三层教学楼。她们彼此打着招呼，说着各种有趣的事，笑着闹着，聊得不亦乐乎。这时，玛尼娅和卡佳发现，有个女孩急匆匆地走过人群，眼神闪烁，似乎怕别人看到她。她们心生疑惑，追上去后，发现她眼睛红肿，好像刚哭过的样子，而且衣衫不整，像是胡乱穿上的。

"你怎么了，库尼茨卡？"她们关切地问道，玛尼娅伸手挽住她的胳膊。

"你说话呀，库尼茨卡，到底发生什么事了？"

库尼茨卡表情痛苦，她抽噎着，所以说话也是断断续续的，"因为我哥哥，"她说道，"他被秘密地抓走了，我们已经三天没有他的消息了……他们要……要明天早上……绞死他……"

她们把库尼茨卡拉出人群，好言安慰她，对她哥哥的遭遇，她们很是同情，但他明天就要被绞死了，此时的安慰，又能起到什么作用呢？她们认识她哥哥，他热情活泼，是她们的好朋友。他并没有做错什么事，为什么要绞死他？

"安静！你们说够了没有？"突然，一个尖利的可恶的声音响起，原来是德国督学梅耶尔。玛尼娅三人只能暂时平复难过的心情，走进教室。

现在的这所学校，再也不是玛尼娅小时候读书的那个私立学校了，它成了公立中学，并且由俄国人管理。除了学生是波兰的孩子外，其他都是俄国人的。波兰的孩子只能到这里来上学，因为只有这样，她们毕业后才能拿到各种文凭，才能找工作。虽然她们在这里上学，但比起大人来，她们敢说敢做，天不怕地不怕。玛尼娅和卡佳总用一些俏皮话调侃德国校长、俄国老师，尤其是对督学梅耶尔说得最多，所以她很讨厌玛尼娅，但玛尼娅更加讨厌她。

梅耶尔是个皮肤黝黑的小个子，为了不引起孩子们注意，阴险的她总是穿着软底鞋走来走去，这样，脚步声就变得轻不可闻，以便能像影子一样监视孩子们。

"这个玛尼娅越来越无法无天了，跟她说话就像是对牛弹琴！"梅耶尔有时气急败坏地大叫道。

有次，她看到玛尼娅就来了气，走上前说："瞧瞧你这乱糟糟的头发，就像个鸟窝一样可笑！跟你说几百遍了，把它梳好！既然你不听，那今天就让我来给你把卷发梳直，要不然你哪像个学生?!""你是想让我看起来像个德国女孩吧?"玛尼娅在心里暗暗说着。梅耶尔用梳子狠狠地在玛尼娅的头上梳了起来。但不管她用多大的力气，卷曲的头发依然卷在一起，像是一个个无声的反抗者，映着玛尼娅那张圆圆的、永不臣服的脸庞。

"谁让你那样看着我?! 你那是瞧不起我吗?!"梅耶尔恼羞成怒地大叫道。

"我只能这样看着你。"玛尼娅比她高出一头，很显然，这句话是一语双关。

其实，老师中也有一些波兰人，他们深受孩子们的爱戴，而令她们感到诧异的，是有的俄国老师也很同情波兰，她们才知道，在俄国国内，也有反抗沙皇的人。有个俄国老师居然把一本革命诗歌选集作为奖品，送给了孩子们。他的这一举动在暗地里引起了轩然大波，他感觉到了孩子们那种对他刮目相看的尊崇的目光。她们这才意识到，波兰人和俄国人也是能成为朋友的！是的，当然可以！这所学校里不就有俄国人、波兰人、德国人和犹太人吗？他们不也是能很好地相处吗？在校内，他们没有民族之间的隔阂，但出了校门，到处都是特务，他们可不敢随便往来的。

不管怎样，玛尼娅还是喜欢这所学校，尽管她有点羞于承认。"卡佳，你知道吗？"放假后，她给卡佳写信，"我很喜欢这所学校，你会不会嘲笑我？我真的很喜欢它，特别喜欢，但我不希望它是被控制的。想到即将到来的开学后的学校生活，想到往后的两年时间，我不会感到难过，也不会害怕。"

但在那天，在梅耶尔把孩子们从院里叫到教室起，玛尼娅就觉得这已经不是自己所喜欢的那个学校了。从那天早上起，她脑中想的就是在音乐里跳舞或是和同学们做游戏的场面。然而，一切都变了。老师还在讲课，而她却发起了呆，一句也没听见，眼前只有认识的那个开朗的男孩，还有那个冰冷的黎明中，仍在滴血的绞刑架。

所以，那天晚上，她们并没有心思跳舞。玛尼娅、布罗尼亚、海娜和卡佳，还有卡佳的姐姐乌拉，她们都去了库尼茨卡家里，陪着他们一起守夜。夜晚很长，她们想起那个男孩，心痛不已。守夜，也是天主教的习俗。五个孩子陪着库尼茨卡坐了整整一晚。而我们这些生活得快乐无忧的人，真的无法理解她们心底的悲伤。因为这跟我们爱着的人自然地去世完全不同，这一点连小孩子也知道。时间一分一秒地过去，但她们做不了任何事，只能眼看着行刑的时间越来越近，这种等待何其残忍和折磨人！但她们又能怎么样呢？只能默默地守夜。但同时，六个女孩的心里似乎产生了一种强烈的、从未有过的共鸣，那就是反抗！虽然她们心里也很沉痛，但还是帮着库尼茨卡做一些力所能及的事：给她倒杯热水，搂住她痛哭时耸动的双肩，并帮她擦掉眼泪。突然，她们发现房里的光线并不是烛光，而是太阳即将出来时的亮光。

五个女孩双手捂住自己恐慌的脸庞，跪在地上，为这个即将死去的年轻的反抗者进行最深沉的祈祷。

第四章　整整一年的假期

　　玛尼娅 16 岁了。在毕业典礼上，她荣获了一枚金质奖章，这是她们家里获得的第三枚奖章。在闷热的六月毕业季，玛尼娅跟其他获奖的同学一样，穿着黑礼服，腰带上别着一束漂亮的蔷薇。同学们围住她，为她喝彩祝福。毕业典礼结束后，她紧紧拥住为她由衷地感到骄傲的父亲，她知道，从此以后，她就要永远地离开这所中学了。

　　父亲答应给她一整年的假期。一整年啊，这难道不是一份大礼？但玛尼娅却不知道为什么要休假，父亲给出了原因：她的小女儿一直都在刻苦学习，而且用的时间比其他同学更少，却顺利地完成了学业，所以应该让她放松一段时间，等着其他人追上来，这样似乎更公平呢！于是，一向勤快的玛尼娅变成了一只小懒猪，除了玩还是玩。

"我亲爱的小魔鬼，"她在给卡佳的信里写道，"我几乎都忘了世界上还有代数与几何这样的词，它们都被我忘得一干二净了。我也没有学习刺绣，不用做任何事。我每天早上十点起床，有时候会早一点，六点就起来了，起床后，我除了各种故事书外，其他的都不看。这种生活真是蠢极了，我自己都想骂自己一顿。

"我们很多人去林子里散步，或者打板球和羽毛球，但我总打不过他们，唉，这简直太难了。有时我们还会玩捉迷藏或是老鹰抓小鸡，当然啦，还有一些益智游戏。这里到处都是草莓，用一点点钱就能买到满满一汤盘草莓，多得差点都要掉下去，这可够我们好好地吃一顿啦！现在草莓都快过季了，可我还没吃够呢，我都不知道自己这么贪吃，你说，这是不是有点可怕？

"我们在树林里肆无忌惮地奔跑着，感觉就像要飞起来一样。我们在河里游泳和捕虾，太兴奋了！告诉你一件事，我们还遇到了一个大明星，他教我们唱歌、朗读，还给我们摘了许多栗子。为了感谢他，我们用野罂粟、白色的瞿麦花和蓝色的车菊花编了一束漂亮的花环，在他要去华沙时，作为礼物送给了他，他把花环高兴地戴在头上。后来，他来信说，火车到站后，他把花环装进行李箱，带到了华沙。"

玛尼娅在乡下过完了一年的假期，她由衷地爱上了这里。每当四季更迭，波兰的土地上都会有不一样的美景。她的叔父克萨维尔就住在兹窝拉平原上。在那里，辽阔的草原上，是一片片耕种过的肥沃的田地，从褐红色的泥土望过去，仿佛能看到遥远的地平线。叔父养了很多马，在他的帮助下，她学会了骑马。第一次骑马时，她向堂兄借来他那条肥大的裤子，她把裤脚挽起，将最宽的地方用腰带扎起来，这样别提有多难看了，但跃跃欲试的她，可不会在乎这些。

叔父耐心地一遍遍地教导她：左手用力抓住缰绳，右手也不能闲着，一定要抓紧马鞍，双脚的前半只脚蹬紧马镫。等掌握一切要领后，她开始了首次骑马的冒险。但沮丧的是，这匹马对她来说太高了，她努力试了很多次，也无法爬上这匹温顺的老马身上。

"加油！再试一次！"叔父鼓励她，"你一定行！"堂兄们也在一旁给她打气，并教她在背对着马头时，怎么才能跳上马背，怎样利用周围的小土墩跳上马背。最终，冰雪聪明的玛尼娅顺利地跃上了马背，并且，能自由地在无边的田野上骑马徐行，这对她来说，简直成了一大乐事。很快，她就能在马奔跑时稳坐在上面，甚至蹬着马镫站起来。她骑着马去了周围很多地方，那里有许多她没见过的村庄，也认识了许多当地纯朴的乡野村夫，她觉得，自己对波兰这块土地是越来越了解了。

在这里玩够了，她又要去另外一个叔父家里了。这个叔父的名字念起来有点拗口，他叫字得济斯拉夫，住在喀尔巴阡山的深处。她在那里第一次看到漫山白雪的山巅，而那如墨一般的丛林，更是让雪显得分外的白。她穿过这片树林，渴望亲手捧一团那耀眼的白雪。她从蜿蜒盘旋的山路往前走去，却发现路的尽头是悬崖。她只能往回走。

但有时却很幸运，走在山路的途中会遇到一座小茅屋，玛尼娅和堂姐堂妹们就会走进去，然后请求身为木刻师的主人给她们展示他做的工艺品，在这个屋里即使是最简单的一件家具也是难得的艺术品。主人痛快地答应了，在听到孩子们对那些桌椅、布谷鸟钟表和那些五彩木碗发出啧啧的赞叹声后，又高兴地拿出小巧的木雕、茶碗、各种玩具，还有在木头上刻的画给她们观赏。

有次，玛尼娅在一片山湖边散步，湖水如同蓝宝石般镶嵌在这片丛林里，人们叫它"海之眼"。它静静地沐浴在雪峰间，璀璨而冰冷，就像一个珠光宝气的冰美人。

她在叔父家过得很开心。叔父和漂亮的婶婶都喜欢热闹，再加上他们那三个可爱的女儿，家里整日都是欢声笑语，所以玛尼娅沉迷在了这种氛围中。家里有时会来很多客人，叔父和婶婶就去打来猎物款待客人。如果不去打猎，从院里抓只鸡就行了，反正有上百只呢！这时，女孩子们就跑到厨房开始做烤饼，为接下来的宴席做准备。而穿着上，女孩子们总是会翻箱倒柜地找衣料，缝制出鲜艳的服装，参加一种字谜游戏。若是冬天，就会参加"库立格"——一个为了庆祝冬天的节日。

玛尼娅第一次参加"库立格"的经历使她难忘至深。黑夜在白雪的反射下并不显得那么黑沉。玛尼娅和三个堂姐用厚厚的毯子包裹住单薄的身体，戴着各种面具，穿着拉科夫人的服饰，坐在两辆雪橇上，欢快地出发了。她们前边的一些雪橇里，坐的是身着盛装

祖国更重于生命，是我们的母亲，我们的土地。

——【法】居里夫人

的小年轻，他们手上拿着奇怪的火把，照亮了前方的路。一路穿过黑暗的森林，隐约看到很多火把在向她们聚拢。这时，音乐突然在这清冷的夜里响起。原来是乐队到了。乐队由四个犹太人组成，往后的两天两夜里，他们都要拉着手中的小提琴，为这个盛大的节日添彩助兴。他们演奏着华尔兹和玛祖卡①舞曲，大家不由自主地跟着唱了起来，欢乐的歌声彻夜回荡在这片幽深的丛林里。

在乐队演奏时，有几辆雪橇闻声而来，也加入了欢唱的人群中，紧接着，三辆、五辆、十辆……更多的人断断续续地加入进来。这支庞大的队伍，随着乐队优美的音乐，不管是在弯多山险的急转弯中穿行，还是在光滑如镜的斜面上滑行，都令人暗自心惊，但乐师们依然坦然自若地演奏着，带领着队伍继续向前进发。

队伍在遇到的第一家屋舍前停了下来，马铃声和马具声也没有了，大家笑着喊着敲起了门，想叫醒屋里的人，其实主人早都听到了，是在装睡呢。过了一会，门被打开了，乐师们坐在桌边开始弹奏，在火把的火光中又开始了新的一轮舞会。

舞会结束后，到了晚餐时间，吃过饭后，随着一声信号，顷刻间，屋里就变得空空荡荡的——酒桶不见了，人、马、雪橇也都不见了，全都不见了。又新加入了一些雪橇，队伍变得更长了，然后，再向另一家而去。

有几匹强壮的马拉的雪橇，试图赶超前面的雪橇，却一不小心

①　玛祖卡是种活泼轻松的波兰舞曲。

31

滑到雪堆里去了。队伍只好停下来，大家第一时间围过去，七手八脚地翻起压在他们身上的雪橇，然后拂去身上的雪，再重新给马套上缰绳和雪橇，于是，丁丁当当的马铃声又在夜里响了起来。这时才发现，乐师不见了，他们去哪了？似乎没人知道。他们只好加紧速度往前追去，尤其是领头的雪橇，更是越跑越快，但一路都没有乐队的踪迹，大家很快就明白了，他们并不在前面。队伍随即传来了停止前进的口号，因为大家想起了之前走过的那个岔路口，乐师们会不会走了另一条道？他们只好往回走，沿着另一条路去找那几个乐师。大家都很担心，如果没有乐队，他们还怎么跳舞？幸运的是，不一会儿，就有悠扬的琴声从不远处传来，正是那几个犹太人！会合完毕后，他们从一个村子辗转到另一个村子，每经过一个村子，队伍都会变得越发壮大。

太阳升起……太阳落下……太阳升起，小提琴师几乎都没有吃饭睡觉的时间。第二天晚上，长长的雪橇队伍，在马的喘气声和马铃的丁当声中，在最大的一个房屋前停了下来，"舞林大会"正式开始！

乐师们演奏得更有激情了。大家都化装成各种大人物。领舞的男孩英俊帅气，他穿着有刺绣的白色礼服，邀请跳得最好的玛尼娅跟他一起跳。她是一身山村少女的打扮：穿着天鹅绒外套，袖子是用亚麻做的，头上戴着颜色艳丽的星形帽。

他们跳了一整晚。上午八点时，他们跳起了玛祖卡舞。玛尼娅从没有这么开心过。婶婶就开玩笑说，如果她这么喜欢，那就等到她结婚时再举办一次"库立格"舞会。

快乐的假期似乎还没过完。母亲以前的一个学生——现在的福略瑞伯爵夫人，邀请玛尼娅和姐姐海娜去她家玩。她家位于两条河的交汇处，从窗户看去，就能看到河水交汇时那种壮观的景象。在这里的这段时间里，玛尼娅学会了划船。她给家里写信："我们想到什么就做什么，只要累了就睡觉，不管是白天还是晚上。我们疯狂地跳舞，或许疯人院才是我们的去处。"

她们除了睡觉和跳舞，还骑马、采蘑菇，或者是搞恶作剧。有次，玛尼娅请伯爵夫人的弟弟去很远的镇里帮她买点东西，他二话没说就答应了。谁知，等他摸黑回到家后，才发现自己房间里的床、桌子、椅子、箱子，都被玛尼娅他们几个挂在了房梁上。那可是他所有的财产啊！更不幸的是，他从下面走过时，还不小心撞到了脸。

还有一次，伯爵家备好午餐，准备迎接几位贵客，而孩子们并没有被邀请。那么多好吃的，绝对不能放过！她们趁大人们不注意，溜进去把整桌东西一扫而光，还特意做了个很像福略瑞伯爵的稻草人放在桌旁，而且还是一副酒足饭饱的表情！而捣蛋鬼到哪去了？早就逃得远远了！

在伯爵夫妇的结婚纪念日那天，这群小鬼给他们送了一份特殊的礼物：一个用很多植物的草茎编成的巨大王冠，足足有一百磅重。当伯爵夫妇坐在特意被装饰后的宝座上时，孩子们为他们献上了这个王冠。然后，由年龄最小的玛尼娅为此赋诗一首，并当众朗读出来。最后几句是这样写的：

圣路易节（6月15日）来临时，

请允许我们进行一次野游！

每个女孩都带着男孩，

以你们为榜样，

在圣坛前祈祷，

快将这样的恩惠赐给我们吧！

伯爵夫妇尽最大努力举办了一次舞会，这可比野游好多了。那天晚上，玛尼娅和海娜想打扮得漂漂亮亮的，但因为家里穷，所以连条像样的舞裙也没有。她们一边盘算着手里仅有的一点点钱，一边把衣服翻来翻去地想办法，最后，她们撕掉了已褪色的外层，留下了比较完好的里层。然后再用蓝色的薄纱替代原来的外层，再缝上一些丝带，这样，一件新舞裙就完工了！虽然只花了极少的钱，但她们心灵手巧，又有什么做不到呢？而花儿可以从花园采，剩下的钱，足够买两双新鞋了。穿上新鞋和舞裙、头上戴着花儿的她们，站在镜子前，满意地笑道："可以啦!"

从晚上一直到第二天早上，玛尼娅都在不停地跳舞，天边曙光初现，她才惊讶地发现，自己新买的鞋子都已经被磨破了。她扔掉它们，开始迎接新的一天。

第五章　人民

　　玛尼娅回到了华沙，她那双带着笑意的大眼睛，看着这个好像已经有些变了的世界。尽管她表情变得有些凝重，但还是看得出来她很快乐。像世界上很多父亲一样，玛尼娅的父亲斯可罗多夫斯基告诉孩子们，他们已经长大成人，该出去工作了。他不再靠收寄读生的生活费来度日了，因此全家又搬回了原来的那个小屋。虽然他略有收入，但除了房租、佣人的工资以及家里日用开销外，就所剩无几了。然而好景不长，他连这份收入也没有了，因此他们总是盼望着父亲能快点领到他的那笔退休金——虽然那笔钱也没有多少。他何尝不想挣到足够的钱，来养活一家人呢。现实总是这么残酷，这让父亲常常眉头紧锁，晚上，总是独自坐在窗前长吁短叹。

值得庆幸的是，孩子们慢慢长大了，他们有时会盯着他焦虑的眼睛，猜他心里在想什么，然后安慰他："爸爸，不用担心，我们有的是力气，我们能养活自己！"父亲欣慰地看着眼前的四个孩子，心里不无担心，他这一生是不成功的，那么孩子也会这样吗？他很有才华，一辈子兢兢业业，但他获得的报酬却少得可怜。孩子们会不会也像他一样？个子不高的他，穿着已经洗得发白的、破旧的外套坐在桌前，思考着这一切，灯光下，他已经有些秃顶的头顶显得格外显眼。

他精通书法，思想活跃，言谈举止谨慎得体，一切都无可挑剔，而这些也是他对孩子们的要求。带他们出去旅游时，他总是提前拟好路线，以便在途中给他们讲述那些关于景点名胜的故事。这些景点只有很少的人知道，因为大多数人根本就熟视无睹。如果他们去参观一座古建筑，他会给他们讲述它所有的历史。因此，玛尼娅从来没有嘲弄过父亲，觉得他简直无所不能。

父亲的确知识渊博而好学，他用微薄的收入买来各种旧书刊，以便了解物理、化学上的最新发现。除了希腊文、拉丁文，他还掌握着其他五种语言。令人难以置信。而且，他还会写诗。为了增加孩子们的阅读量，每个周六的晚上，他总是给他们朗读一些文学作品。而外国文学也应该让孩子们了解了解，例如他会用波兰语给他们大声朗读《大卫·科波菲尔》，他手中拿的却是英文版。

"家里还是老样子，"玛尼娅给朋友写信，"花木繁茂，杜鹃花也开得正艳，而蓝赛特呢，正流着口水在地毯上睡觉呢！白天来家里干活的女佣，给布罗尼亚的衣服做得不错，所以我把裙子染色后，让她也帮我改一改。我时间总是很紧张，上课也挣不到多少钱，根本不够花。经人介绍，有个学生想来这里上课，但当布罗尼亚告诉她每小时的听课费是一先令后，她就被吓跑了，就好像老鼠看见猫一样。"

但不管报酬有多少，玛尼娅都得教下去，这不仅仅是因为在那个年代，女孩子没有多少事情可做，也不是为了"多收学生多赚钱"，她不是这种人，她有一个崇高的理想——不像别的女孩子梦想着穿上洁白的婚纱，或是男孩子梦想着去开火车，她心系的是整个波兰。因为她是玛尼娅，她渴望帮助波兰走出泥潭。然而16岁的她，要怎么用父亲所教的、学校里所学的、书里所读的知识，来实现这个理想呢？她知道，还有其他人也在为了波兰的独立自主而奋斗，他们打算用炸弹袭击沙皇政府。还有些人会祈求上帝，将侵略者赶出波兰。虽然玛尼娅曾将自己的护照借给一个革命者，但她觉得上面两种方式都不可行，唯一的最实际的方法，就是将自己掌握的知识传授给每个波兰人，因为沙俄政府正在对他们进行文化入侵，妄图使他们忘掉自己的文化，变成俄国人。为了阻止——也为了让波兰人明白他们这个阴谋，她必须坚持教书上课，直到华沙成为思想解放的中心，直到波兰成为欧洲大国。

此时，新思想正在英法两国传播。玛尼娅有个大她十岁的朋友，这个朋友为了研究这种新思想，成立了一个"流动大学"的秘密团体。玛尼娅和两个姐姐布罗尼亚、海娜也参加了这个组织。他们轮流在每个成员的家里聚会。他们并不是研究一些奇怪的东西，而是学习解剖学、生物和自然知识。每当他们聚会时，响起的敲门声或是老鼠的吱吱声，都会让他们吓出一身冷汗，因为要是被警察抓到，就会被送进监狱。而组织里的每个人在学习的同时，也要讲课。玛尼娅将收集到的书借给穷人，但他们一字不识，所以先要教他们识字。

有的波兰老板也会让玛尼娅教他的女员工一些知识，借以提高她们的服务质量和个人素质，以便成为更有用的人，她也不用担心这些人会出卖她，向俄国人告密。跟她们在一起时，沉默内向的玛尼娅不允许这些年龄比她大、举止粗俗的人说脏话，更不允许她们抽烟。当发现自己的卷发在她们中间过于显眼后，就剪掉了卷发，殊不知这样让她显得更加孩子气。她对工作认真负责，事必躬亲，从讲课、开会、绘画、写诗，再到阅读六个国家的文学作品，而这些作品都代表着那些伟大作家的伟大思想。

除了这些事外，她最关心的还是布罗尼亚。在玛尼娅看来，姐姐已经长成大人了。如果她不来关心布罗尼亚，似乎再没人管她了。即使刮着狂风下着大雨，每天早上，玛尼娅始终如一地去做着家教赚取微薄的酬劳。而在有钱人的眼里，她不过是一个穷酸的老师而已，有时会让她站在寒风凛冽的室外等着："对不起，玛尼娅小姐，我女儿早上起床晚了，但你能像平常一样，给她上一堂完整的课吧？"而到了月底该付她工资的时候，女主人又会说："抱歉啊玛尼娅，这个月的钱，我丈夫会在下月月底一次付清你。"他们不知道，玛尼娅早就等着这笔钱急用了，她急需买一些生活必需品。

布罗尼亚看上去意志消沉、情绪低落，所以玛尼娅不得不把上大学的愿望暂时深埋心底，她必须先帮布罗尼亚读上大学。

有天，玛尼娅目光灼灼地看着姐姐说："布罗尼亚，我认真考虑后，想到了一个办法，父亲也赞同。"

"什么办法？"

玛尼娅一边说话，一边观察着姐姐的神色："布罗尼亚，你攒的钱能让你在巴黎生活多久？"

"除了路费，差不多还有一年的生活费，但去大学学医，要五年才能毕业。"布罗尼亚不假思索地答道。

"是啊，而我们靠做家教每小时才挣一先令，什么时候才能攒够这些钱？"

"不然怎么办？"

"如果我们各自攒钱，那肯定不行。若是按我说的办，今天秋天你就可以去巴黎了。"

"你疯了吗？玛尼娅！"

"你先听我说，你去了巴黎后，先花自己的钱，接着我和父亲都会设法寄钱给你。同时，我自己也要存点钱。等你当了医生后，我再去上大学，那时你不就可以帮我了？"

布罗尼亚两眼湿润，她知道这个办法对玛尼娅意味着什么。想了想后，她又问道："你既要养活自己，还要给我寄钱，同时还要存钱，这怎么可能呢？"

"我有一个好主意，我去做一个提供食宿的家教工作，这样，不就省了住宿费和饭钱？很不错吧？"

"不，"布罗尼亚坚决反对，"从小到大，你都比我聪明，为什么我要先去上学？如果你先去，你会更快取得成功，我还是以后再上吧。"

"你怎么这么傻啊，亲爱的布罗尼亚，你已经20岁了，而我才17岁，我还有时间等，可你没时间了，所以肯定是你先上学啊！等你工作后，我还怕没钱读大学吗？我可是一直这么指望着你呢！就这么定了！"

于是，在她即将年满18岁的前一个月，在那个九月里，她都尽力打扮成老师的样子，坐在职介所里，看是否有合适的家教工作。她把自己剪短后又长出来的长发梳得整整齐齐，并戴上一顶漂亮的帽子。她衣着朴素大方，显得那么平凡。

捏着手中的毕业证书和推荐信，玛尼娅紧张地走到坐在桌前的职介所工作人员面前。那位女士的眼神从推荐信转移到玛尼娅脸上，并且十分专注地盯着她："你真的同时掌握着德语、俄语、法语、英语和波兰语吗？"

"是的夫人，"玛尼娅回道，"虽然我的英语没有其他几种精通，但让学生通过考试还是不难的，我得到过高中的金质奖章。"

"那你对待遇有什么要求呢？"

"提供食宿，每年四十英镑酬劳。"

"如果有合适的，我会随时通知你。"

对于这样的答复，玛尼娅闷闷不乐地离开了职介所。

但过了没多久，就有人请玛尼娅去他们家里做家教。这里就不透露这家人的姓名了，因为他们不愿被人提及以前发生的事。玛尼娅从他们打开的那扇小门进去后，就如她所说的，就像走进了地狱。生活让玛尼娅可以坦然乐观地面对一切，但她并不想成为不幸的被人鄙视的奴隶。这家人雇了她后，对她极不友好，甚至不屑于同她说一句话。他们在外面过着奢靡的生活，却半年不给她发工资，还不让她晚上看书，说是浪费灯油。他们在人前跟朋友打成一片，背地里却说尽了朋友的坏话，骂得一文不名。

玛尼娅在日记中写道："从他们身上，我才发现，原来书中的人物在现实中也是存在的，我想，任何一个明智的人，都不会愿意和这种金钱至上的人来往的。"也许正是因为18岁的玛尼娅的这一经历，才使得后来她始终坚持自己的原则，不为金钱所动。

住在这个不知名氏的人家里，有时还是需要花点钱，这与玛尼娅的计划不符。能够经常去看望父亲以及"流动大学"的朋友们，这固然很好，但想起自己之前的那个计划，玛尼娅下定决心，不管付出什么代价，她都要去完成它。因此，她觉得有必要离开华沙，去乡下找个家教的工作，那里远离市区，不用花什么钱。只有这样，她才能按时给正在巴黎上学的布罗尼亚寄去生活费。

终于，她如愿以偿地找到了一份家教的工作，在一个偏远的农村，但工资稍高点，一年五十英镑。当然，那时的五十英镑可比现在值钱多了。或许，在她父亲看来，那里不是一个遥远荒僻的地方，但她在给父亲的信里写出地址时，却仍然有些惴惴不安。新地址是：

  普沙兹尼斯茨附近

  斯茨初基

  Z 先生和夫人的住宅

  玛尼娅去乡下的时间是一月份，这时的波兰，正下着鹅毛大雪。当火车缓缓启动后，站台上父亲的身影变得越来越远时，她突然惊慌起来，她意识到她终于要暂时离开父亲了。这是她人生第一次独自离开家去外面闯荡，心里有些忐忑不安，有些害怕。上份工作留给她的阴影至今挥之不去，如果这次的雇主也像上次的雇主一样，要从那个穷乡僻壤逃离就难了。父亲的年龄也越来越大，可能正深受病痛的折磨，她这时离开合适吗？火车在昏暗的天色中，疾驰过一片片覆盖着积雪的田野，玛尼娅靠窗深思，此时的她已是泪湿眼底，无心欣赏窗外的景色。

  三个小时后，火车到站了，玛尼娅又转到了来接她的雪橇上。她身上裹着厚实的毛毯，雪橇在天寒地冻的夜里，飞速向前滑行，寂静的空气中，只有马蹄声和马铃声连绵不绝地响起。

  又坐了四个小时的雪橇，玛尼娅又冷又饿，她恨不能马上到达目的地，还好，不久后，终于在一座房屋前停了下来。听见声响，身材高大的男主人 Z 先生带着他的妻子、孩子们从亮着灯的屋里走出来迎接她。孩子们眨着眼睛，好奇地看着她，而女主人热情友好地对她表示了欢迎，并给她沏了一壶热茶，然后把她领到了房间里就离开了。玛尼娅搓了搓冻得通红的双手，打开行李箱，开始整理起来。

全部收拾停当后，玛尼娅环顾房间，墙壁被粉刷成白色，屋里陈设简单，墙角还有一个可供取暖的壁炉，这一切让她很满意。

隔天早上，她以为拉开窗帘后，能看到白雪皑皑的田野和森林，谁知看到的却是工厂里冒着浓烟的烟囱。她失望地拉上窗帘，接着又下意识地再次拉开窗帘，发现何止一个烟囱，居然有一排。而且周围居然连一棵树、一片灌木——甚至连一个篱笆也看不到。因为她所在的地方是甜菜种植基地，视力范围之内的都是被翻耕过的、等待种上甜菜的土地。这里有个甜菜加工厂，而村民们也以种植甜菜为生。工厂围墙外有很多工人住的小屋，而整个村子就是由这些房屋组成的。玛尼娅住在工厂厂长的房子里。工厂里面流出的污水污染了村里的河水，发出一种难闻的味道。

玛尼娅对这里感到很失望，住在周围大房子里的男孩女孩们也令她心生厌烦。他们除了讨论别人的言语、自己的穿着打扮、谁会举办下一次舞会、上次舞会过了多久之外，别无其他。而更令玛尼娅吃惊的是，Z先生和夫人在午后一点钟才跳完舞回到家——虽然她曾经也是那么痴迷跳舞，也曾通宵跳到第二天早上八点。"我想要一支画笔，"她心里默叹道，"也许画一张讽刺漫画更能表现出我对这些人的看法。那些女孩都不知道怎么开口说话，而到目前为止，她们之中，只有这家的大女儿布兰卡是个例外，她热爱生活，并且明白它的意义。"在这里，除了布兰卡，玛尼娅觉得她三岁的弟弟斯达斯很有趣。他总是在长长的走廊上和屋外有些破烂的长廊上乱跑。他是全家的心肝宝贝和开心果，总是逗得玛尼娅开怀大笑。有次保姆告诉他上帝无处不在，他说道："斯达斯可不喜欢他，他会抓住我的！他会咬我吗？"

十岁的安吉雅是玛尼娅的另外一个学生，他活泼好动，只要有客人到家里来，她就逃课了。按计划，玛尼娅每天要教她四个小时，但她总是偷偷地溜出去玩，抓回来后只好从头再学，要教她简直太难了。除此外，安吉雅还喜欢赖床，总是被玛尼娅从被窝里揪出来，这点让玛尼娅特别恼火——有天早上，她更是为此生了两个小时的闷气。她一天中最高兴的事，是和布兰卡一起读三个小时的书，其次就是给家里写信。在信中她写道："我会在复活节那天回家。想到这里，我激动得都无法言喻了，想狂吼几声表达我的兴奋之情。"

在村子泥泞的巷子里，她总是碰到一些小孩子。无论男孩还是女孩，都穿着脏兮兮的衣服，头发乱糟糟的，但他们的眼神都清澈无比，令人印象深刻。"他们是波兰的孩子吗？"玛尼娅喃喃自语，"我曾决心将所学传授给波兰人，现在能为他们做点什么呢？"后来她才知道村里的孩子大多不识字，或是只认识几个简单的俄语字母。玛尼娅顿时有了一个想法，如果能专门为他们开办一所秘密的波兰学校，那该多好。

对此，布兰卡显得激动无比。"不要急，"玛尼娅说道，"你要知道，如果我们因此被抓，可能就要被流放到西伯利亚去。"她们都知道，一旦被送到西伯利亚那个可怕的冰原上，那将意味着什么。但布兰卡甘冒此险。在征得 Z 先生同意后，秘密学校就办了起来。

室外正好有个楼梯直通玛尼娅的房间。于是，十七八个蓬头垢面的男孩女孩们就走这个楼梯去上课。玛尼娅借了一张桌子和一些凳子，用自己微乎其微的积蓄，帮他们买了练习本和笔。一切准备就绪后，学校正式开课！刚开始，孩子们手中的笔似乎根本不听自己指挥，写出来的字歪歪扭扭的。不过，慢慢地，他们就能将她所说的写在纸上了，这是多么令人惊喜的事啊！这也让他们的父母感到自豪和骄傲，他们纷纷跑上楼，挤在教室后排，兴高采烈地看着正在专心学习的孩子们，这让他们觉得不可思议——虽然他们并不识字。但孩子们可不觉得学习是件轻松的事。他们有时会抓耳挠腮，有时会唉声叹气，每写一个字母，对他们来说，就好像将甜菜搬到山上一样困难。玛尼娅和布兰卡看在眼里，急在心上，想尽办法帮助他们。尽管他们身上散发出一种异味，也会分神，也不是很聪明，但从他们那双双对知识充满渴求的眼睛里，能够看出，他们有多想学好一切。

第六章　万幸的事

　　当夏天到来的时候，很多人开始了休假，但身为老师的玛尼娅，一年中除了极少的时间外，都要坚守着自己的岗位，尤其是在冬夏两季，那些男孩女孩们喜欢赖床的时候，都需要她来叫醒他们。玛尼娅整天都忙忙碌碌，过着一成不变的生活。她每天的工作时间是从早上八点到十一点半，下午两点到七点半，中午十一点到两点是她吃饭和散步的时间。到了晚上，若是玛尼娅心情好，就给孩子们读诗，反之，就修补下自己早已破烂的衣服。而晚上九点后，她就能看自己想看的书了，但还是会受到其他事情的干扰。比如：安吉雅的教父想下棋，玛尼娅就要陪着他下棋；玩纸牌时，因为三缺一，玛尼娅也要奉陪到底——不管她是否愿意。所以，她总是没有足够的时间去读书，这使她对知识的渴求愈发强烈。她看的书已经跟不上时代了，还有，她在书中遇到不解的难题时，也没有人跟她一起讨论。所以，迷茫的她就很羡慕那些在世界各地的高等学府里读书的女孩们，她们能够把握自己的命运，迎接各种挑战，在大学里接受高等教育，在实验室里做着各种实验。

维也纳、柏林、伦敦、圣彼得堡这些地方，尤其是巴黎，更是她心中的学习圣地！不不不，维也纳、柏林、和圣彼得堡不是圣地，它们都是入侵波兰的那些国家的首都。而伦敦和巴黎不是。她最想去巴黎了，那里崇尚自由，对所有人一视同仁，不仅用浪漫热情的怀抱迎接流亡的人，还邀请每个有思想、喜欢新知的人前去学习。但兴奋过后，玛尼娅又顿感失落，因为自己攒钱的速度实在是太慢了，而布罗尼亚还有几年才能毕业，她的生活费还需要她提供，而且，父亲更老了，也需要她照顾，一想到这些，她就心急如焚：我还有上大学的机会吗？

玛尼娅已经长成了一个漂亮的大姑娘：她额头高而宽，有一头靓丽的迷人的金发；眉毛下那双深灰色的大眼睛，明亮而有神，总是机敏地看着周围的一切；她的嘴角似乎总是露出一丝笑意，让人忍不住看了又看；她的皮肤如三月里的桃花，白里透红，有种难得的健康美；她的手臂和小腿看着特别灵活，就像经常健美一样；她沉思时充满了神秘感，总是让人由不得关注她，想进一步了解她。

凯西米尔是这家的长子，他大学放假回家后见到了漂亮迷人的玛尼娅，这让他很高兴。当时，玛尼娅正在花园里修剪长得乱七八糟的花草。这是他们第一次见面。他从妹妹写给他的信里知道了玛尼娅，但他一直不认为玛尼娅有信中说的那么好，那些家教总是一副面无表情、刻板严肃的样子，难道不是吗？

"我承认，我错了，"在见到玛尼娅后他自言自语道，"她看上去完全不是自己想的那个样子！"

"今天早上你给那些喜欢调皮捣蛋的小鬼放假了吗，小姐？"

"啊，没有！"玛尼娅答道。她依然像平时一样热情四溢。"他们五点前是不会来的，等干完手上的活儿，他们才回来上学。"

原来这就是被布兰卡视为骄傲的哥哥，玛尼娅打量着他，他个子很高，英俊潇洒，气质不凡。他跟她说话时总是那么亲切自然，聊得最多的话题就是关于她的那些学生们，他们总是被他称为"调皮捣蛋的小鬼"。

那天晚上九点后，玛尼娅没有看书，而是和凯西米尔聊天，他说到他正在学习的知识，这些远远比看看书要有用得多。那个暑假里，因为凯西米尔的出现，许多之前已定好的计划都有了改变。在他的提议下，妹妹、玛尼娅和他常常去野外露宿、骑马、划船，而划船、骑马正是玛尼娅所擅长的。她骑术精湛，总是让他们惊叹不已。马厩里面养了几十匹马，他们从中选出自己最喜欢的三匹，整天在辽阔的大草原上骑马兜风。有时，他们还会拉着马车去野餐。玛尼娅手臂纤细，却能无比熟练地控制好马的缰绳，这让凯西米尔难以置信。

凯西米尔所认识的女孩子中，大多呆板、毫无乐趣可言，但玛尼娅不同，她活泼开朗，优雅大方，充满了神秘感。暑假结束了，当他依依不舍地回到华沙上学时，就祈求圣诞节快点到来，到时候又可以在家里见到玛尼娅了。

圣诞节很快就到了，凯西米尔如愿以偿地再次见到了玛尼娅，"真想一年四季都是冬天，那多好啊！"玛尼娅一时之间不明白他这话的意思，下意识地回答道："这怎么可能呢？你不喜欢其他三个季节吗？"他笑了，"大家不都是崇尚美好的事物吗？一个脚踝完美的女孩，姿态轻盈曼妙地滑着雪，还有什么能比这个更美的吗？还有，你舞也跳得那么好！难道你不喜欢跳舞吗？不想在冬夜的星空下滑雪吗？"

谁说不是呢？玛尼娅又重新喜欢上了跳舞，但她最喜欢的还是暑假的时光。

"你喜欢暑假？是不是因为我？"

凯西米尔花了很长时间，才理解了玛尼娅这句话的含义。他说要立即去找他的父亲。有钱人一般是不跟雇佣的家教结婚的，但玛尼娅跟其他女孩子完全不一样，家里每个人都很喜欢她：父亲喜欢让她陪着散步，母亲高兴地把她介绍给家里来访的每一个客人，妹妹们也都很尊崇她。他们还经常请她父亲、哥哥、姐姐们到家里做客。在她生日时，热闹地给她庆祝。所以，凯西米尔相信，他们一定允许他向她求婚，并且会像女儿一样待她。

但一切都出乎他的意料。当凯西米尔把自己的想法告诉父母后，他们大发雷霆，气得直哆嗦。他是他们最大的希望和寄托，他们家境富裕，可以轻而易举地和任何一个门当户对的姑娘结婚。身为长子的他，绝对不能娶一个穷酸落魄、受雇于人的女老师！绝对不行！

"凯西米尔，你是不是疯了？你怎么能娶一个家教？"

"和一个家教结婚？！亏你想得出来！"

他们依旧在喋喋不休地嚷嚷着。

时间过得飞快，冬去夏来，命运在那一刻发生了反转，使她最终成为伟大的玛丽·居里夫人，而不是玛尼娅·凯西米尔·Z 太太。

玛尼娅很不开心，自从凯西米尔的想法被父母驳斥后，这个家里的每个人都不再像以前那么热情地对她了，这是她没有预料到的，但她又不能辞职，因为她每年都要给布罗尼亚寄 20 英镑的生活费。她现在只能铁下心，发誓不再喜欢上任何一个男孩，于是，她的生活又变得和以前一模一样了：按时上课，管好调皮的安吉雅，随时叫醒喜欢上课打瞌睡的乔里克，在闲时学习一些化学知识、下棋、跳舞、散步，除此外，似乎只有一件事会令她提起兴趣：那就是下雪后，本就不清晰的路牌被大雪掩盖，雪橇连带上面的人一起翻到路边时，大家的开怀大笑声才能带给她一些欢乐。

此后，玛尼娅的家信写得更长更频繁了，但她经常没有钱买邮票。"我还从未收到过布罗尼亚的信，"她抱怨道，"也许她也跟我一样，也买不起邮票。"情绪低落的她，此时更能体会到父亲、哥哥和海娜的难处。她给父亲写信："我很好，别为我担心，你已经做到了你应该做到的一切。你瞧，我遗传了你所有美好的东西，我现在不也能自力更生了吗？"

　　她也给哥哥写了信："约瑟夫，你应该留在华沙，去乡下会埋没自己的才华。若是我的建议不周，也请你别在意。请记住我们说过的话——想到什么就说出来。大家都觉得，去乡下做医生，就是自毁前程。即使你有高超的医术和高尚的医德，也无济于事，因为乡下医疗设备简陋，条件太差，无法让你施展自己的抱负，即使巧妇也难为无米之炊啊！亲爱的哥哥，如果你遭遇的就是这些，那我会很痛心，因为我的信心已经被消耗殆尽，只能寄希望于你和布罗尼亚了。我们家的人都有一定的天分，不能被浪费掉。我越是看不到希望，就越是对你充满了希望。"

　　她同时还安慰着失恋的海娜，"实话说，"她给海娜也写了信，"如果那些男孩不想跟家境贫寒的姑娘结婚，那就应该知道自己想找个什么样的人，没有人逼着他们娶某个姑娘，但是，如果他们爱上这个姑娘后又抛弃了她，那就请他们见鬼去吧！"

　　迄今为止，这是玛尼娅这一生中最不快乐的一段时间。她讨厌那些反应迟钝的、作业写得愚不可及的学生，她怕长此以往下去，自己也会变傻。这对很多老师来讲，都是难以接受的。此时，她觉得自己当初的宏图伟志是那么可笑。"我现在唯一的梦想，"她写道，"就是有一个家，和父亲生活在一起。为了实现这个愿望，我不惜一切。如果可以的话，我想从这里辞职，但好像不太现实。若是能去华沙寄宿学校教课，再利用课余时间找个家教挣点外快，那我就离开这里。生活本就艰难，何必如此忧虑？"

　　此时，对玛尼娅来说，的确是心灰意冷，然而，看完《尼门河两岸》① 这本书，玛尼娅不禁扪心自问："我难道就这么轻易地放弃曾经的梦想吗？"她给布罗尼亚写信："我曾想帮助波兰人民，但现在我连十几个孩子都教不了，其他的又从何谈起呢？至于唤醒他们的内心，让他们明白自己对这个社会的责任，那更是痴人说梦。在举步维艰的生活面前，我变得如此脆弱不堪，如此庸俗和胆怯，幸好这本书让我幡然醒悟，而这个过程却如此痛苦。"

　　同时，她给表哥写信："这里天气很糟糕，每天都刮着大风，下雨后到处都是大水和泥潭，所以我的心情很不好。直到现在，这个鬼地方也没有结冰，我的溜冰鞋只能孤独地躺在房间里。也许你不了解，在这里，结不结冰就跟加利西亚②的保守党和自由党之间的争论一样重要。很兴奋听到你说还有人致力于解救这个被入侵的国家，这真的让我很高兴！也让我深受感触，我要从目前这种浑浑噩噩的状态中走出来，恢复自信，并告诉自己：'一定要重新站起来，不要被任何人或事压垮！'我需要新的信念来支撑我，在这种莫名的力量的驱使下，我总是想做一些疯狂的蠢事，以结束这种单调的、一成不变的生活。不过还好，我特别忙，这让我没有足够的时间去实现它。"

---

　　① 《尼门河两岸》，作者是波兰小说家巴甫洛夫斯卡，它主要讲述的是被俄国入侵后，在波兰发生的一些故事。
　　② 加利西亚，位于波兰的东南境。一战后，奥匈帝国瓦解，当时被归还波兰。现在，东、西两部分属于乌克兰和波兰。

第七章　改变

　　玛尼娅希望做一些改变，她想换一个环境。她听说有个学生在华沙，但此时正在比利时旅游，所以玛尼娅要赶去那里找她。她要开始旅行了。兴奋过后，玛尼娅又突然对这个决定有点怀疑，她准备好了面对这么突然的改变吗？她将独自一人、换乘五次火车后才能抵达终点，或许她会迷路，或许小偷会在她睡着时溜进她的车厢，幸而一路平安无事，她顺利地到了比利时。这个学生的家人热情地接待了她，并把她带进了一个只属于有钱人的圈子，他们期待她能融入进去，并且感受它的奢华和荣耀。在那里，玛尼娅生平首次见识到了沃斯①设计的衣服；柔软精

---

　　①　沃斯（1826—1895），他确定了近百年来女装的优、劣、俗、雅的评定标准。被现代人视为"高级定制之父""时装之父"。

致的皮衣、光彩夺目的宝石似乎等着她去欣赏和抚摸；墙上挂着大师的画作，而画中的人正是她身边的这些人。她在这些美好的事物中不时驻足停留，在各种舞会、宴会和音乐会中流连忘返，但这些有钱人没有因为她的好奇而责怪她，他们热情大度，对她很友好。学生的母亲 F 太太漂亮迷人，她很喜欢玛尼娅，总是把她带在身边，然后介绍给每个朋友："这位是优雅的玛尼娅小姐。"

面对突然降临的这一切，玛尼娅还没有缓过神来，接着又发生了一件更令她欣喜雀跃的事——布罗尼亚给她写信了。此时，这封信正静静地躺在大厅旁边的桌子上，是从巴黎寄来的，玛尼娅认出来那正是布罗尼亚的笔迹。布罗尼亚用的信纸是有着四方格子的练习本，笔记潦草，应该是在课间匆忙写下的。布罗尼亚说她要结婚了，这简直是天大的好消息！她邀请玛尼娅在她有了房子后，搬去巴黎跟她住在一起。哈！巴黎！那不是她一直梦寐以求的地方吗？

但事情并不像玛尼娅想的那么简单。她早就听说过，布罗尼亚和在巴黎上大学的波兰男孩订了婚，他英俊潇洒，性格也很好。但他也叫凯西米尔——凯西米尔·德鲁斯基，跟玛尼娅曾经喜欢的那个人的名字一样。他当时被沙俄政府搜捕，他们怀疑他跟一件袭击事件有关，所以他才从波兰逃到了巴黎。在这里，应俄国人的要求，他也受到了巴黎当局的监控。关于他的一些材料，也堆满了巴黎宪兵队的办公桌。尽管如此，他仍然过得很好，现在已是一名合格的医生了，而且布罗尼亚也答应了他的求婚。如果布罗尼亚结婚后定居在巴黎，那她就不会回华沙了，也不会去照顾年迈的父亲，而海娜根本不懂得怎么照顾人，所以这个重任只能落到玛尼娅一个人的肩上。

即将到来的婚礼，深爱自己的男孩，或许还能和亲爱的玛尼娅在这里一起奋斗，啊，这一切，想一想都令人激动！所以，布罗尼亚常常会沉浸在对未来美好生活的幻想中。但玛尼娅却在回信中写道："我一直以来都像是一个彻头彻尾的傻瓜，现在是，将来也是，或许这辈子都是一个傻瓜。也许用时下最流行的话来说，我这一生都没有碰到幸运的事，现在没有，将来可能也不会有！"但玛尼娅伤感的情绪并没有持续多久，她平复了下心情，继续写道："去巴黎也曾经是我的梦想，我渴望换个环境生活，但现在我不再想这些了。而当去巴黎的真正的机会摆在我面前时，我却不知道如何是好。我不敢跟父亲说起此事，我怕他会失望，因为他正努力在实现我们一起生活的愿望，我想让他晚年过得开心点。另外，一想到我的天赋正被一点点毁掉，我就心如刀绞，这本该要好好利用啊！"有才华有天赋的人应该倾其所有地发挥，正是因为这一点，她又在信中力劝布罗尼亚：应该放低身段，尽自己最大的努力，去求她有钱的朋友帮助约瑟夫，让他的聪明才智有个用武之地。这样做，不仅约瑟夫能实现他当医生的理想，这个世界也会因为他精湛的医术变得更美好。这是玛尼娅一辈子都在坚持的准则：这个世界上，最高贵的工作之一，就是帮助那些有才华的人去实现他们的价值，从而造福全社会。信的末尾，她写道："此刻，我失落且极度悲伤，如果我说的这些影响了你的生活，我深感抱歉，真的对不起。"

　　从比利时回到家后，玛尼娅和父亲在那个小屋里住了一年多。对某些人来说，这样的生活太没意思了，但玛尼娅心里有自己的想法，她觉得在自己家里和父亲探讨人生、学习社会和生活经验，总比跟别人闲聊要有用得多。在此期间，她又回到了那个"流动大学"，再次跟那里的人开始了各种研究和学习。

　　时间如流水般一天天过去，而玛尼娅的机遇也在此时悄悄地来临了。假如你走在五月的克拉克夫林荫大道上，被丁香花沁人心脾的香气吸引到66号院门前，面对这个普通的古老的小院，你绝不会想到，这里在将来会发生震惊全世界的大事！院落里的丁香花旁，是两层有许多小窗户的小楼，门上悬着一块用大写字母写的"工农业博物馆"的牌子。莫非这里保留着一些古老的耕种工具，比如犁头或者铲子？不！肯定不是！俄国人不会反对博物馆的存在。这里和其他地方比起来，显得很幽静，很适合学习，所以，任何博学的人都会选择这里向世人传播知识。恰巧，玛尼娅的表兄正是这里的馆长，他秘密地在这里给学生讲一些科学知识。他还有个实验室，学生们可以亲自操作里面的任何仪器。

　　好奇的玛尼娅生平第一次走进了实验室，谁也想不到，后来的世界会因她的好奇心而发生革命性的巨变！她不能随心所欲地出入那里，只有晚上和星期天才能去。而她每次去了之后，没人指点她，只能自学。她不得不按照书里教的方法，一边摸索一边尝试着做起了实验。有时，她付出了很多努力，却没能得到自己想要的结果；有时会取得一些小突破，这让她重拾信心；有时又会遭遇重大挫折，

我们必须有恒心，尤其要有自信力！我们必须相信我们的天赋是用来做某种事情的，无论代价多么大，这种事情必须做到。

——【法】居里夫人

让她闷闷不乐。但功夫不负有心人，她总能得到一些有价值的成果，她越来越享受这种成功带来的喜悦了。

夜里躺在床上时，她总觉得有什么东西抓住了她，控制着她的身心和灵魂深处，并且在黑暗中跟她说话，使她无法入睡——就好像是另外一个自己，敲击着她的心神，鞭策着她让她赶紧起床，去完成她还未完成的事业！此时此刻，她终于明白了她这一生所肩负的责任和重担！那就是用她那双灵巧的手，永不放弃地控制着试管、酒精灯、金属等实验仪器和材料，同时，聪慧的她会从这些实验中得出一定的结论，然后开始下一个试验计划。

可是，目前的她该怎么办才好呢？潜意识告诉她，走吧，去巴黎！但内心的情感却说，你应该留下来跟父亲、哥哥、姐姐生活在一起，而且，这里还有她的心上人凯西米尔·Z。他现在仍然没有放弃，始终在努力说服父母同意他和玛尼娅的婚事。他们曾在假期里见过一面。玛尼娅和凯西米尔走在林子里，他说父母还是不同意他们结婚，他想问问玛尼娅有什么好办法。

在他沮丧和痛苦的陈述中，玛尼娅的耐心被消磨殆尽，她不满地大叫道："如果你不能解决问题，问我又有什么用呢?!"玛尼娅终于下定了决心，她知道自己该怎么做了。回到家里后，她第一时间给布罗尼亚写了一封信："我想去巴黎找你，请给我一个明确的答复。我不会给你们添太多的麻烦，随便让我睡在哪里都行。请你坦诚地告诉我，你的答复。"

布罗尼亚很快就给她回了信，若不是考虑到发电报的费用，她早就给她发电报了。在离开前，如果没有那么多的事要处理的话，玛尼娅早就跳上最早的一班火车了。临出发时，她把自己这些年所有的积蓄摊在桌子上，清点了一遍，父亲也把自己的家底全部拿了出来。他们眼前堆着的那些卢布，使她去巴黎的梦想有望得以实现，但只是有可能实现而已。

玛尼娅仅有的为数不多的积蓄，是不允许她坐三等车的。波兰和法国的三等车票是最便宜的，而德国还有更便宜的四等车——尽管四等车就像货车一样，没有隔间，除了一排排座位外，别无他物，但这对身怀梦想的玛尼娅来说，又算得了什么呢？有先见之明的人会提前带上一个小凳子，坐在车厢里，玛尼娅也不例外。但除了凳子外，玛尼娅不得不带上很多行李，这样去了巴黎后就不用再花钱买了，而这些难以携带的东西，她已经提前托运走了，比如床垫、毛毯、被套等等，还有一个她买的结实耐用的箱子。这是她不得不买的。她在上面刻上了她名字的缩写——M·S，里面装着她的衣服、鞋子和两顶帽子。她准备好了路上三天吃的喝的东西，还有一些书、一包糖和一条小毛毯，然后把它们装好，上车时要随身携带。

玛尼娅开始向巴黎进发。这一年，她24岁，长久以来，怀揣着的梦想终于要实现了，她两眼不时冒出兴奋的光芒，巴黎，我来啦！新的旅程，从这一刻，开始起航！

第八章　我抓住太阳，再扔向远方

"我抓住太阳，再扔向远方……"每当玛尼娅想起这句话时，总是禁不住大笑不已。她现在在哪？此时的她正位于巴黎的核心地带。这里会发生很多令人兴奋的、难以预料的事。她的导师是伟大的保尔·阿佩尔教授，他总是尽他所能，将一切知识毫无保留地传授给学生。学生总是慕名而来，去听他的课。

玛尼娅每次都会提前来到教室，坐在索尔本大学①阶梯教室的第一排，将笔和笔记本整齐地放在课桌上。这时候，学生们陆陆续续地来了，吵闹声不绝于耳，但专心思考问题的玛尼娅并没有听到。

---

① 索尔本大学，历史悠久，是现在的巴黎大学的一个分部。

突然间，整个教室变得鸦雀无声，原来是阿佩尔教授进来了。因为他，学生们都喜欢上数学课，迫不及待地等着他开始讲课。

阿佩尔教授有着一张方形的脸，他身穿黑色长袍，讲课时总是妙语连珠，却简单易懂。他给大家解释恒星为什么会永远沿着自己的轨道运转，还讲到宇宙更深处的奥秘。他讲课时，整个地球仿佛被他握于手掌之间，并且还会自然地打起手势："我抓住太阳，再扔向远方……"

听阿佩尔教授的课，简直就是一种享受啊！玛尼娅不明白，为什么还会有人觉得科学是枯燥无趣的呢？她回想着这堂课，宇宙间的恒定规则居然如此奇妙，而更奇妙的是人竟然能掌握这些。这样的科学，难道不比神话故事和冒险小说更有趣吗？"我抓住太阳，再扔向远方……"每次听到这句话，玛尼娅就觉得生活给她的磨难，迄今为止，并不算什么。

玛尼娅在巴黎遇到了太多太多的事。当她从人声嘈杂的火车上下来，第一次踏上巴黎的土地时，她没有注意到巴黎北站弥漫着的浓烟，她伸了伸懒腰，仰头深深地吸了一口气。这是她第一次呼吸到自由独立的国家的空气。这里的一切，对她来说都是那么新鲜和奇妙。街上的孩子们各自说着千奇百怪的语言，在一起打闹嬉戏，而玛尼娅这个波兰姑娘，在国内却只能被迫讲俄语。这简直令人难以置信！书店里卖着各个国家的书，不管想卖什么书都行，这真的太不可思议了！

但使人印象最深刻的还是那条指引着玛尼娅走进大学校门的大

道。她在这条路上，第一次坐上公共马车，虽然她只能坐在最上层便宜的座位上。索尔本大学是世界上最有名望的大学，甚至连德国的马丁·路德也这么认为。而现在，这所大学正在改建，到处都是忙碌的工人、漫天的灰尘和此起彼伏的噪音。当工人开始整修教室时，师生们就要临时去其他教室上课学习。但这丝毫没有影响玛尼娅，跟她所能学到的东西相比，一切都显得微不足道。

后来，玛尼娅把她的基督教名字用法文写成"玛丽"，因为她的姓用法文拼写和发音都很难，所以依然用波兰姓氏，这样一来她的同学们都开始慢慢疏远她。当在走廊里碰到穿得质朴自然、有着一头迷人金发的玛丽时，他们会用一种冷淡的眼神瞥她一眼。"她是谁呀？"不熟悉的人问道。"一个名字很奇怪的外国人，"有人回道，"她不爱说话，但据说她的物理成绩总是遥遥领先。"

跟其他同学相比，玛丽的法语词汇量贫乏得可怜，她本以为自己对法语已经足够了解了——这是她没有想到的。上课时，老师讲的很多话她都听不懂，还何谈学习？为了不使自己显得那么无知和可笑，玛丽必须得加把劲了。同时，她觉得自己的数学和物理也应该加强学习。接下来，她只有更加努力，才能把落下的全部补回来。

一开始，玛丽和布罗尼亚、凯西米尔住在一起感觉还挺好的。布罗尼亚把家里的一切都打理得妥妥帖帖，让人住得很舒心。他们租住在巴黎郊外一套便宜的房子里，又借了些钱把房子重新布置了一番。布罗尼亚不担心还不起钱，在她看来，人就该活得好一些。她给家里买了很多东西：质地精良的窗帘，美观耐用的家具、钢琴，还有插满鲜花的大花瓶。而美味佳肴更是必不可少，都是她在那个小厨房里做出来的。她用从波兰寄来的上好茶叶沏茶，因为有些东西，巴黎可没有。

就像中世纪城市分区居住一样，他们住的附近，租住着很多屠夫，玛丽的姐夫——德鲁斯基医生的病人几乎都是屠夫，而家里的书房在白天就是门诊室。门诊的时间安排在一天固定的某个时间段，而其他时间，布罗尼亚要在这里给那些屠夫的妻子和孩子们看病。晚上，忙了一天的两人会暂时放下手中的工作，说服刚到巴黎的玛丽去外面参加一些有意思的活动：如果有钱，他们就买三张剧院的票，去看戏；如果手头比较紧，就在家里举办一个小型茶会，招待那些被迫流落他国的朋友们。他们围坐在茶桌上的油灯前，一边吃着布罗尼亚亲手做的可口香甜的点心，一边热烈地讨论着某些问题，笑声时不时地传遍房间里的每个角落。玛丽总是会提前退出茶会，独自去自己的房间学习，时间对她来说，真的太宝贵了，哪能浪费得起呢？

"快点出来吧，我的书呆子小姐！"有天晚上，凯西米尔在外喊道，"这次是波兰人请你去的。你必须去！快！拿上你的帽子和外套——我这有几张音乐会的门票。"

"可是……"

"别磨磨蹭蹭，有什么'可是'的？这是我们曾经说起过的那个年轻的波兰人演奏的，买票的人很少，我们必须去捧场。我也找到了一些自愿前去的人。我们必须给他用力鼓掌，使他有种成就感。

到时候你可能还会谢我呢，因为他钢琴弹得棒极了！"

玛丽无法拒绝眼神热切的姐夫的要求。玛丽匆匆下楼，边穿外套边往门外走，三人终于赶上了那辆缓慢行走的马车。坐在只有一半观众的大厅里，玛丽仔细打量着台上的那个男子。他个子很高，却略显瘦弱，令她惊异的是他留着一头红色的头发。他缓步走到钢琴前，开始了演奏。玛丽用心聆听，从李斯特①到舒曼②，再到肖邦③，他们的曲子都被这个年轻人演绎得完美无瑕，他们仿佛在这如天籁一般的琴声中神奇地复活了。玛丽深受感动。尽管观众不多，尽管他朴实的衣着与自己钢琴家的身份不符，但他仍然用心演奏着。他不像是一个初次登台的毛头小子，更像是一个披着上帝的外衣，来给凡人在听觉上带来一次完美享受的梦幻使者！

德鲁斯基邀请钢琴家去家里做客，钢琴家带上了他漂亮的未婚妻。玛丽的母亲认识这个姑娘。母亲生前曾和玛丽说起过她，说这个姑娘太美了，美得自己都不敢带她出去。应大家的要求，这个年轻的钢琴家坐在布罗尼亚买的钢琴前，开始了弹奏。他似乎天生长着一双圣手，普通的乐曲在他的手下也变得那么神奇。而他，就是后来名满天下的帕德列夫斯基。他先是以钢琴家的身份被世人所熟知，后来当选了波兰总理。但此时的他，却只是一个默默无闻的钢

---

① 李斯特：匈牙利作曲家、钢琴家、指挥家，素有"钢琴之王"的美称。

② 舒曼：德国作曲家、音乐评论家。1856 年在精神病院病逝。

③ 肖邦：波兰作曲家、钢琴家。被誉为"浪漫主义钢琴诗人"。

琴家。

1891 年，24 岁的玛丽跟一群波兰的流亡者一起在巴黎生活。身处于这个繁华的欧洲大都市，他们却感觉像是生活在一座孤岛上。他们虽然穷困潦倒，却乐观开朗。每逢佳节，他们总是欢快地聚在一起，他们吃着波兰糕点，演着波兰话剧，甚至节目单也是用波兰语印制的，舞台的场景也是波兰式的——辽阔的草原上的小茅屋、正在学习的追梦小男孩、往烟囱里投进礼物的圣诞老人、被耗子咬了一个洞的空钱包……彩排时，玛丽总是因为太忙，没有参加。不过，在《挣脱锁链的波兰》这个话剧里，她扮演了一个角色。穿着古代长袍的她，周身被红、白、黄的波兰国旗颜色所覆盖。她所扮演的斯拉夫人，有一头美丽的金发，这个场景迷倒了在场的所有人，被誉为"波兰的化身"。

然而，如此明目张胆地表示对祖国波兰的挚爱，即使在自由的巴黎，也是危险的。所以，玛丽的父亲希望她不要再去参加波兰人的聚会了，因为她会登上报纸。为此，他特意给她写信："你要知道，你们参加聚会时，会有人记住你们的名字，这可能会给你带来很多麻烦，你以后在波兰找工作也会受到影响。你现在要做的，就是尽量保持低调，这样才是最明智的选择。"

其实，他的担心是没有必要的，因为玛丽觉得学习高于一切。她想从姐姐家搬出去住，那些时不时响起的钢琴声、姐夫没完没了的闲聊声、客人来访时的吵闹声，这些让她都疲于应付，更会打扰到她的学习。她打算在学校附近找个住处，这样就能步行去学校了，既省钱又省时间，可谓一举两得。

当玛丽离开那个舒适的、其乐融融的家时，她有些莫名的伤感。姐姐和姐夫帮她拿着行李，来到了她找的那个出租屋。这里比较僻静，此后，她又开始了孤独的生活。

她准备将一切时间都投入到学习中去，这就是她新的生活。除过要交房租外，还要准备生活费、衣服、笔记本、教材和学费，但她现在没有任何收入，所以她计划着每周最多只能花一英镑或者更少的钱。这样可以吗？面对这样的数学问题，她很擅长，所以她要好好计算一番。"啊！"她突然发现，"生活费可以再缩减下！"她从来没学过怎么做饭，朋友们甚至挪揄她，说她连一份最简单的汤也不会做。她确实不会，也没有这个时间。物理知识是那么有趣和吸引人，她可不会抽出时间去学习怎么做汤。所以，她只吃黄油面包、樱桃，渴了就喝茶，有时会吃一个鸡蛋和一块巧克力，改善一下生活。

房租很便宜，每周只有四先令六便士。她住在阁楼里，阳光从仅有的那个小窗照进来，房间里没有暖气，也没有自来水。家具也少得可怜：一张折叠床和床垫、一个炉子、一张桌子、一把椅子、一个脸盆、一盏油灯和一个灯罩、一个用来到楼下的水龙头那里接水的水桶、一个用来做饭的酒精灯、两个餐盘、一把餐刀、一个叉子、一把勺子、一个茶杯、一个平底锅、一个热水瓶、三个玻璃杯。这就是她所有的家当。要是有客人来，因为没有多余的凳子，就只好坐在她的行李箱上，但上面只能坐两个人。

　　她计划每年取暖用的木炭不能超过两袋。她从街上买来木炭，然后让人送到她住的那个楼前，她再一桶一桶地从楼下运到她所在的六楼，这真是一项体力活，她气喘吁吁地感叹道。为了省下电费，她晚上就去圣日内维埃尔图书馆看书，这样一整天都不用开灯了。她看书时聚精会神，双手撑腮，两肘撑在桌上，直到十点钟图书馆要关门了，她才依依不舍地回家。到家后，她趴在油灯前，一直学习到半夜两点才上床睡觉。

　　现在好了，有了住的地方，吃饭、取暖和照明这几件事也计划好了。至于穿衣方面，玛丽会做针线活，衣服哪块破了自己缝好就是，脏了就及时洗干净，而且，她只用一点点肥皂。这样的话，衣服即使再旧，只要穿得整洁，那就不用花钱买新衣服了。

　　虽然这样的生活很艰苦，也很单调，但这就是玛丽一直想要的生活，难道不好吗？在这里，她学习时没有任何事能打扰到她。只不过因为营养不良、生活不规律、睡眠不足，导致她的身体出了一点问题。玛丽总是在刚放下手中的书或是刚要上床睡觉时，就会莫名其妙地晕倒。醒过来后，她知道自己一定是生病了，但即使如此，她也不怎么在意，总觉得休息一会就没事了。

　　当她的医生姐夫对她说，她看起来病恹恹的、好像生病了的时候，她就搪塞着说只是因为学习任务太重，然后就试图转移注意力，故意把话题转移到姐姐刚出生不久的孩子身上。

　　有天，玛丽再次晕倒在自己的房间里，幸运的是，跟她在一起的还有几个朋友。其中一位姑娘叫来了玛丽的姐夫。凯西米尔心急如焚地赶了过来，这时玛丽已经醒了。在姐夫的坚持下，玛丽不情愿地做了检查。随后，凯西米尔神情严肃地查看了她的房间，眉头紧皱地问道："怎么没看见你的食品柜？"玛丽没作声，一个连吃饭都会将就的人，怎么可能会有食品柜？整个房间里除了一包被拆开的茶叶外，没有任何食物的存在。

"今天你吃过什么东西？"

"今天……我想想……我吃过午饭……"

"都吃了什么？"

"有樱桃……哦，还有一些其他东西……"

最后，玛丽在姐夫疑惑和审视的目光下，才不得不承认，从昨天到现在，她只吃了一点萝卜和少数樱桃，然后学习到半夜三点，仅仅休息了四个小时。

凯西米尔生气极了，他觉得玛丽真是个大傻瓜。但这个傻瓜却正用无辜和带着笑意的眼神看着他。此刻的他，更是不能原谅自己，他觉得自己没有尽到一个姐夫应尽的责任，他不明白，这个看上去聪慧过人的妹妹，怎么会如此愚蠢地对待自己？

他声色俱厉地让她收拾好自己所有的东西跟他回家。他气得说不出一句话。一到家，他就让布罗尼亚去买牛排，并且坐在一旁监督着玛丽，让她把所有的土豆炖牛排吃完。于是，短短几天时间内，她的气色恢复如初，就像刚从华沙来到巴黎时一样。

因为临近考试，在姐姐、姐夫的百般嘱咐和她信誓旦旦的保证下，他们才让她回到自己的阁楼里，条件是一定要按时吃饭、按时作息。这样，她又开始了在那个如"通风口"一样的阁楼里的生活。

忙碌的日子又开始了，但越忙，玛丽感觉思维越清晰，双手越灵活。后来，李普曼教授因为她成绩出色，而让她独自进行一个实验。玛丽终于能展示自己的专业技能和极具创造性的天赋，她激动不已。每周周一到周六几乎整天的时间，她都穿着实验服，站在索尔本大学物理实验室里的橡木桌前，聚精会神地观察着某件仪器里，那不断发生着物理反应的物质。而她的旁边，围了很多男同学，他们神情专注，也在安静地等待实验结果。

实验很成功，男同学们对她佩服得五体投地，他们都想认识她，渴望和她交朋友。面对突如其来的追捧，玛丽一时之间也不知如何是好，对任何事都一贯淡然的她，破天荒地跟他们交谈起来。但"得寸进尺"的他们，又想邀她一块去外面逛街，她的好朋友迪金斯卡小姐就只能用她的太阳伞轰走这些男同学。因为玛丽没有时间去交朋友，她有的只是钢铁般的意志、无比执着的心、永不放弃的精神，而这些，都是她漫长的学习生涯中一笔宝贵的财富。

1893 年，玛丽以第一名的成绩拿到物理学士证书，第二年，她又以第二名的成绩拿到数学学士证书。因为她的法语带有一点波兰口音，所以她还在努力学习纯正的法语。她终于做到了，她跟当地人说的一样好了，虽然她在"r"音上有明显的卷舌音，但这却让她显得俏皮可爱。

繁忙的日子里，她也会去鸟语花香的城郊，欣赏巴黎春日的美景。她从来都没有忘记自己是从波兰乡村里走出来的，她心里永远装着那片广袤肥沃的田野。每逢周日，她总是和朋友一起去看丁香花，在香气馥郁的空气中，她得到了一种难得的放松。

盛夏七月，她还要考一场试。玛丽和其他三十几个同学坐在无比闷热的房间里，开始答题。教室里烦闷的空气让她提不起精神，只感觉试卷上的字在眼前晃动。但这可是考试啊！她定定神，集中注意力写了起来。像其他同学一样，她也忐忑不安地等待着考试成绩。在公布成绩的那天，玛丽溜到了教室最后面的角落里——她相信自己考砸了，这样就能在一群学生和家长中藏起来了。

这时，教室里的说话声和脚步声戛然而止，因为老师拿着成绩单走上了讲台。玛丽还没反应过来时，第一名的名字就被叫了出来：

玛丽·斯可罗多夫斯基！

之后，就是长长的假期。玛丽带着连自己都意想不到的好成绩和好心情，准备回到波兰老家。当然啦，她会带上很多礼物。她要花掉除开路费等等之外的所有钱，一分都不剩！她给父亲、约瑟夫、海娜都买了很多礼物，给自己两千英里的旅途中也备了很多好吃的。每次回家，都会把所有的钱换成礼物，这是波兰人延续了千年的习俗。

在那个漫长的暑假里，他们家在波兰的所有亲戚，都请玛丽去他们家里做客，并用好吃的好玩的招待她，玛丽很开心。然而，她心里却一直在想一件事：下学期的学费还没着落，加上生活费，每周还要花一英镑，这些钱从何而来呢？她该怎么解决这个问题？正在玛丽愁眉不展的时候，那位曾用太阳伞保护她，使她免受骚扰的迪金斯卡小姐来家里看望她，而她再次帮助了玛丽。口才了得又善于察言观色的迪金斯卡小姐，努力说服接待她的华沙政府官员，她说，玛丽以后定是这座城市的骄傲，但前提是她必须获得一份奖学金。她做到了。当玛丽听到自己得到了 60 英镑的"亚历山大奖学金"后，有点不敢相信自己的耳朵。她高兴坏了。这意味着下一年她又可以顺利地入学了。她小心翼翼地花着这笔钱，从不敢浪费一分一文。为了让别的家庭贫困的学生也能得到帮助，她在工作后开始一点一点地攒钱，争取早日将这笔奖学金还清。几年后，当负责奖学金发放事宜的工作人员收到她的还款时，大吃一惊，因为她是受资助的学生里第一个还钱的人。

秋天到来时，她又回到了巴黎的学校。对她来说，学习一点也不苦，相反，她像热爱生命一样地热爱学习。这几年艰苦的大学生活，造就了她在独自面对任何艰难险阻时，都能迎难而上、永不停歇、乐观向上的可贵精神，也因此，她在老师和同学们的眼中，是个彻头彻尾的学习狂——只存在于古老的大学传说里：他们贫穷却很年轻，他们渴求一切新知，并且心怀理想，天赋卓绝，为达目标不惜一切。

玛丽坐在油灯前认真地看书，她相信，自己终归会成为一名伟大的科学家，给全人类带来福音。她生活上极其节俭，即便如此，她仍然很满足。虽然在追求真理的路上，她能得到很多快乐，但也不免被琐事所扰：鞋子破了要买双新的，可这些钱在她计划之外，所以，有时她不得不忍饥挨饿。有天晚上，玛丽的手脚都快被冻得麻木了，她把房间里所有的衣服都盖在身上，还是觉得冷。但整个房间里除了椅子再没别的东西能拿了呀！无奈的她，只好把椅子拿过来压在那堆衣服上，而为了不让这个特殊的保暖架从床上掉下去，她整晚都只能保持同一个姿势，一动不动地睡到了天亮。

早上起来时，发现水桶里面结了厚厚的一层冰，到处都是刺骨的寒意。但她依旧喜欢这段艰难的生活，并且，为此赋诗一首：

> 在清苦的日子里，她努力学习，
>
> 而周围的年轻人，都在追寻安逸的生活，享受着轻易得来的快乐。
>
> 在漫长的时光中，她虽独自流浪，
>
> 幸福却经常敲响她的房门，来到她身边。
>
> 时间一天天过去，生活要继续，
>
> 为了生存，她暂别科技领域，
>
> 走上灰色的生活旅途。
>
> 但某种思绪总是于寂静的夜里黯然浮现——
>
> 曾经的小阁楼，如今是何模样？
>
> 那里见证了她所有的泪水和汗水，
>
> 还有，
>
> 许许多多的回忆。

第九章　玛丽的爱情

　　玛丽又一次陷入了困境，而且这也不是最后一次。国际工业协会邀请她写一篇关于各种钢材磁性的分析报告，这对玛丽来说，有趣极了，她欣然接受，但问题是她没有能开展这项工作的工作室。所以，她只能在李普曼教授的实验室里开始实验，而这里地方狭小，根本放不下这些笨重庞大的设备，她又必须用这些设备分析各种矿石的化学结构和分子式，再将这些样品分类整理好。她对此一筹莫展，不知从哪能租到这样一个地方。不过，幸运女神似乎总是眷顾着玛丽，她认识一个波兰的科学家——科瓦尔斯基。他恰巧带着妻子来巴黎度蜜月、讲学，玛丽把自己遇到的困难告诉了他。

　　科瓦尔斯基眼睛一眨不眨看盯着玛丽，若有所思，他了解到此事对玛丽的重要性。不过，只是来巴黎度假的他，在这里人生地不熟，要如何才能帮到她呢？

"对了！"半天一言不发的他突然拍着桌子叫道，"我认识一个小有声望的人，他在娄蒙路理化学校工作，或许他可以给你找个地方，就是出出主意也好。明天吃过晚饭后，记得到我这里来喝茶，我也会约上他。对了，他现在是个名人，你可能知道他，他叫皮埃尔·居里。"

玛丽走进科瓦尔斯基所住的那个光线昏暗的酒店房间时，她看到一个高个子年轻人站在阳台的落地窗前。见到他之前，玛丽还以为功成名就的他会比自己大很多，没想到如此年轻。这完全出乎她的意料。他有一种似乎是与生俱来的独特气质，他穿着质地良好却略显宽大的衣服，更显得他风度翩翩。当科瓦尔斯基给双方互相引荐后，他用最普通的言语对她表示了热烈的欢迎。他严肃认真的表情让玛丽心里蓦地一动，她喜欢他纯真得如同孩子般的笑容。而后，他们的话题很快转入了科学领域，难道他们不是因为这个原因而彼此认识的吗？

皮埃尔从小就显得与众不同。在他很小的时候，身为医生的父亲就发现他不善于与人交往，就放弃了让他去学校就读的念头，给他请了优秀的家教老师。长大后，他喜欢宅在家里，陪着父母和他唯一的哥哥。他对科学兴致盎然，喜欢钻研生活中遇到的各种问题，并把自己的想法写在日记里："女人们呐，跟男人相比，她们活着只是为了过更好的生活，所以，有思想有才能的女人真是太少了。因此，当我们为了某项伟大的工作而要耗费毕生的精力，不得不远离周围的人群时，我们就需要与女人做斗争——母亲都希望得到儿子的爱，即使因为过度溺爱而让他变成呆子，她们也不会在意；陷入爱恋中的女人为了不失所爱，即使牺牲世界上最伟大的天才也在所不惜，即使她只能得到一小时的爱。"

虽然这种观点对女孩子和成年女人都有一种偏见，但皮埃尔自有道理。除了对真实生活的观察，还有第一次痛苦的恋爱经历，都让他更加坚信自己的观点，让他下定决心再不恋爱和结婚了。在那个改变了他后来命运的夜晚，在那个他和玛丽于窗前探讨科学的夜晚，他已经35岁了。在法国国内，他还是个不被人重视的科学家。法国人经常会忽视自己国家的伟人，这让他心寒不已，但他明白，一个伟大的人，他的才华不会因为得不到应有的尊重而被埋没。

但在法国国外，他已经是个小有名气的科学家了。他和哥哥有一项共同的发明，它能测到极微弱的电流，一些国家的科学家已经用它开始了自己的某些研究，他们对此心存感激。除此外，他提出的晶体内在结构对称的原理更是奠定了现代科学发展的基础。而且，他还发明了一种以自己名字命名的天平——居里天平，发现了一个新的关于磁体的定律——居里定律。这一切，使得他与克尔文勋爵①一样名扬四海，但他得到的报酬却与他取得的成就远远不符，每周只有三英镑，与一个技术工的工资一样。

―――――――――

① 克尔文勋爵（1824—1907）：即威廉·汤姆森，英国物理学家，被称为"热力学之父"。

使生活变成幻想，再把幻想化为现实。

——【法】居里夫人

他贫穷的生活在某种程度上也是因为自己造成的。他不是没有得到过薪水丰厚的工作，但他却一口回绝了："谢谢，我想我是不会为了钱而做一些不愿做的事。"他也得到过政府的金钱奖励，但同样被他婉拒了，因为他不愿接受任何奖励。

此刻，这个性格孤傲的人正站在玛丽面前，与她谈笑风生。他那双白皙的双手撑在桌边，双眼平静而又认真地凝视着眼前的这个女人。而心里突然冒出的那句话——"有思想有才能的女人真是太少了"，令他微微怔了一下。

当科瓦尔斯基夫妇和玛丽、皮埃尔四人第一次见面时，互相寒暄着，没有什么实际交流。后来，皮埃尔和玛丽谈起了科学。这不正是她此行的目的吗？她向皮埃尔这位年轻的伟大的科学家频频请教，接受他的指点。他都微笑着一一解答。令人意想不到的是，一开始说话，他就停不下来了，而且还不经意地主动说起了自己的事。这对于一向沉默寡言的他来说，太奇怪了。他谈到自己的理想，谈到他关于结晶学方面的研究，他沉迷于此，正在努力找寻它的规律。

突然，他发现自己今天有点反常，他居然会和一个女人谈起自己的工作，而且使用了许多科学中专用的术语和复杂的公式?！但同时，他又发现这个漂亮的女人在聚精会神地听着，并且还会时不时地表述出自己的观点，跟他一起进行深入的探讨。啊！这一切竟会如此美妙！他下意识地又看向她，看她色泽亮丽的金发，看她因为经常做实验而被化学试剂腐蚀、因为不得不动手做家务而变得粗糙的双手，另外，她气质文雅高洁，这所有的一切，都深深地吸引了他，让他着迷，让他不能自已。他也知道了她来自波兰，为了来巴黎求学，她在家乡吃尽了苦头。她住在那个小阁楼里，她虽然贫穷，却能为了理想倾尽身心地付出。

"你会一直生活在巴黎吗？"皮埃尔问道。

"不，"玛丽回道，"如果今年夏天我能顺利地通过考试，就会回华沙过暑假，若是有足够的学费，我下个学期还会回来上学。但我相信，最终我会去波兰某所学校里当老师，对国家做出应有的贡献。身为一个波兰人，我是不会抛弃自己的祖国的。"

话题也顺理成章地转到了波兰人民所遭受的压迫和残忍的统治者身上。玛丽沉痛地讲着那些爱国志士为了波兰的解放和自由而勇敢斗争的故事，这让一直全身心地投身于科学事业中的皮埃尔震惊不已。也许他在想，当科学家们因为国破家亡，被迫停止追寻科学和真理的脚步时，这会给科学家带来多大的损失；也许他在想，他必须与波兰政府斗争，为巴黎这个自由的、推崇科学的城市，留住玛丽这个罕见的天才。总之，他想和她一直保持联系。他开始去物理学会听演讲，只为了和她"巧遇"；他将自己某本学术著作的限量版新书送给她；他经常去李普曼教授的实验室看她，看她穿着实验服，一副忙碌的样子。

皮埃尔要了玛丽的住址，去佛扬替纳路 11 号探望她。他也许记成了法国化学家巴斯特也在这条街住过。当他爬到六楼，当这个医生的儿子走进玛丽的阁楼时，被里面简陋到极致的景象深深地打动了。但玛丽毫不在意这一切。当她穿着破旧的外套，从家徒四壁的房间里走出来迎接他时，在他看来，竟是那么迷人。她瘦削的身体里流动着火一样的热情，她用执着甚至执拗的精神来对抗她多舛的命运，而此刻的她，就像是一颗耀眼的宝石，在这个空荡荡的房间里散出璀璨的光芒。

皮埃尔因为感动而更深地理解了她，又因理解而更深地感动着，因此，他满腹的辛酸和难受在忽然间都消失了，就像大雾弥漫的清晨，被初升的太阳一照，就都云开雾散了。拜访结束后，他以另一种积极的心态开始了工作，以前对他来说不值得去做的事情变得更加重要了。他把他的新思想新理论写成了一篇完美的博士论文。他这才发现，自己以前的想法错了，女人不仅不会毁掉一个才华横溢的男人，相反，她们会唤醒他们的内心，并使他们完全发挥出自己的潜力。皮埃尔摒弃了之前那个荒谬的想法，并决定开始全新的人生，因为他把心已经彻底交给了她。

但是她心里是怎么想的，她会接受他吗？皮埃尔想弄清楚这一点。他带着玛丽去了法国那个风景如画的乡村。他们采了很多花带回阁楼，淡淡的香气飘散在房间里，添了一丝文雅素净的气氛。而后，他又带着她回到了巴黎郊外的家，去看望他年迈可亲的父母。他们慈眉善目，关心地对玛丽问长问短，她感觉自己仿佛回到了位于华沙的那个老家一样——他们喜欢学习和读书，热爱大自然，尤其喜欢科学——这里就像是自己的第二个家。这种感觉真的很奇怪。他们又一次说到了波兰。说到她徒步穿过美丽的波兰大草原，说到她这次暑假要去瑞士度假。

"你下学期还会回来吗？"皮埃尔突然问道，"要是你放弃你所喜欢的科学事业，那就太遗憾了！"

玛丽当然明白他的意思，她知道他的言下之意是如果离他而去，那就太遗憾了。

但是祖国波兰在她心里始终高于一切，不过她还是略显羞涩地回道："你说得对，我会回来的。"

不久后的一天，皮埃尔终于鼓起勇气向她表白，并真切地表示想娶她为妻。但玛丽拒绝了，她不想因为与一个法国人结婚而改换国籍。因着她的这个说法，他们之间你来我往地开始了辩论。皮埃尔知道，科学与他同在，他不相信会有人因为国家而放弃自己挚爱的科学事业，科学是无国界的。

最终也没能说服玛丽那颗系念祖国的心，放假后，玛丽便踏上了回波兰的火车，她仅仅表示他们是永远的朋友。皮埃尔日夜想念着玛丽，他给她写了一封长长的信，并打算去瑞士和她相聚，但一想到她是跟父亲一起去那里游玩，他又打消了这个念头，他害怕那样会打扰到他心爱的姑娘。于是，他把自己所有的想法和纠结的心绪都写信告诉了她，并加上自己的观点：一个人应该为科学而活。他写道：

> 如果你想从政治上帮助你的国家，那是不现实的，而且，你可能还会毁掉她。如果你想帮助全人类，你可能也不知道怎么做。然而，科学的的确确存在的，不管你有多么微小的发现，

都会造福整个世界。而真理一旦被挖掘，就不会消失，会长存永固。

相信我。

你忠实的朋友

皮埃尔·居里

玛丽在信中谈到了自由这个话题。

他给她回了信：

其实，我们都是奴隶——感情上的奴隶、偏见上的奴隶、为生活劳累的奴隶，我们就像机器上的齿轮，在生命中不停转动着。有时候，我们被迫对身边的人和事让步。但如果让得太多，我们的自尊就会受到践踏；如果让得太少，我们又会被推入汪洋大海。

十月时，玛丽还是回到了巴黎。但固执的她仍然心系祖国，既然如此，皮埃尔在想，若是自己尝试做出一些改变，又会怎么样呢？他向玛丽提出，他可以和她一起离开巴黎去波兰。他可以暂时放弃自己的科学研究，去当一名老师，往后有机会再回到科学工作上去。

玛丽心情复杂极了，她觉得自己没有任何理由接受皮埃尔如此巨大的牺牲，但他的坚定又让她心动，犹豫不决的她，把皮埃尔的想法告诉了布罗尼亚，想听听她的意见。迟迟等不到玛丽回复的皮埃尔，随后也去了布罗尼亚家，他想让他们说服玛丽答应他。而布罗尼亚和凯西米尔也希望玛丽能留在巴黎，跟皮埃尔一起，完成他们未竟的事业。

玛丽在布罗尼亚的陪同下，去拜访了皮埃尔的父母。他母亲告诉布罗尼亚，说自己儿子如何好如何孝顺，玛丽肯定会很幸福的。

十个月后，玛丽终于下定决心，答应了皮埃尔的求婚。他们立下共同的誓言——无论何时何地，永不放弃崇高的理想。如此这般，他们的婚事才算定了下来。

玛丽的哥哥约瑟夫从波兰给她写了一封感人至深的、对她表示原谅的信，他在信中以祖国母亲的口吻写道："与你回到华沙当一名老师做出的贡献相比，嫁给法国科学家皮埃尔·居里，显然会给你的祖国带来更多好处。"而后来发生的一切，都证明玛丽做出了正确的选择。

于是，被幸福包围了的玛丽开始筹备自己的婚礼，她相信，这个婚礼一定很奇妙。

1895 年 7 月 26 日，天空蔚蓝如洗，晨晖洒遍了每一个角落。这天，玛丽一大早就起床洗漱。她认真地梳好头发，穿上姐夫的母亲送给她的蓝色长裙，外面再套上有蓝色条纹的短衫。其实，她并不渴求一件真正的结婚礼服，因为她只有一套衣服，平时每天都穿着它，连换洗的衣服都没有。但现在好了，她有两套衣服了，以后要是去实验室，就可以穿着这件礼服。

皮埃尔来接她时，她正好穿上礼服。接下来，他们会乘着马车去火车站，然后再坐火车前往皮埃尔的家乡——索镇。而婚礼也会在那里举行。马蹄声清脆悦耳，得得得地响着。马车穿过圣米歇尔大道，在经过索尔本大学时，他们都深切地望着它，直至它一点一点地从视线里消失，如果不是它，他们会走到一起吗？

在索镇，除了凯西米尔夫妇，还有不远万里从波兰赶来的斯可罗多夫斯基先生和海娜外，就再也没有别的客人了。他们没有足够的钱买戒指，也摆不起喜宴，而最贵重的礼物是一个表亲送的两辆崭新的自行车。而这，将成为他们度蜜月时主要的交通工具。

婚礼结束后，两位父亲在花园里见到了新郎和新娘，玛丽的父亲对皮埃尔的父亲说道："我知道，你会把玛丽当成自己的亲女儿看待。她从出生到现在，还从未让我担心过。"

第十章 居里夫人

皮埃尔和玛丽去度蜜月了——跟别人完全不同的蜜月。他们不坐车不乘船，也不用预定旅馆，而是骑上自行车，去他们想去的地方。他们把衣服在自行车上捆扎好，再带上两件可以裹住全身的橡胶雨衣，因为这个季节里经常会下雨。他们在雨后湿漉漉的路面上骑车前行，太阳再次露出了头，阳光穿过高大茂密的枝叶，在林荫道上投下斑驳的影子。轻风徐徐吹过，树木上的雨水纷纷滚落，滴在骑车的两人身上。

好吧，他们的蜜月之旅变成探险活动了。因为他们这条林荫道一眼望去竟看不到尽头，他们不知道晚上住在哪，也不知道这次探险的最终目的地在哪。但越是未知的事，就越是让他们兴奋不已。

皮埃尔喜欢在幽静的森林里散步，那里让他觉得清爽、湿润。当他在遍布石头的山坡上，发现那漫山遍野的迷迭香和野蔷薇时，他欢喜得像个孩子。无论白天还是晚上，无论清晨抑或是傍晚，他都会坚持散步。另外，对他来说，不管是11点、3点、7点或是10点吃饭，他都无所谓，因为在野外就是这么自由随性。有玛丽陪在身边，他感觉更安心了，旅行也更甜蜜了，因为她从不会在时间上要求他，必须按时吃饭、作息等等，完全由着他的性子来。

他们没有多少积蓄，所以旅行途中没住过旅馆。有天傍晚，他们走进一个村子，打算在那个总共只有几张桌椅的简陋的小客栈里凑合一晚。老板在桌上铺上洁白的桌布，为他们端来冒着热气的浓汤。晚饭过后，他们沿着踩上去咯吱乱响的楼梯，走上二楼，再从堆满杂物的过道穿过，走进房间里。微弱的烛光只能照亮一小片地方，依稀能看见那早已褪色的墙纸。法国乡村的小客栈就是这样，饭菜美味可口，床铺整洁干净，更重要的是价格低廉。

隔天早上，他们用过咖啡和早餐后，又骑上车子上路了。公路两边是两排茂密的树林，蜿蜒着伸向远方，而这也吸引着他们一直走入丛林深处。途中，在看到一间小屋子后，他们下了车，为了不至于在法国森林里迷路，他们拿出指南针辨别方向。这里居然有野果子！兴奋的他们摘了不少，却没注意双脚已陷进了松软的泥土里。不知道时间，不知道去哪，也不知道要玩到何时，但这对他们来说，这种无拘无束的日子是那么难得和痛快！

皮埃尔在前面漫不经心地迈着大步，玛丽与他保持着不远不近的距离，小步尾随在他身后。那时，女人出门是要戴上帽子的，但玛丽才不管这些。而她的与众不同不仅仅表现在这方面。她穿着长裙时，发现裙摆会拖在地上，将尘土和泥巴带进鞋寰里，所以她把裙摆束进松紧带里，这样，就露出了她的两只脚踝。她的鞋子舒适耐穿，皮带上还带有能装小刀、零钱和手表的口袋。皮埃尔急匆匆地走在前面，就好像要赶着上火车似的。虽然他一边头也不回地走着，一边说着他关于晶体的一些理论，但很显然，他不是在跟周围的花草树木讲话，而是说给玛丽听。尽管晶体学是那么晦涩难懂，但玛丽依然听得很用心，还会适时地表达自己的看法和见解，并且与皮埃尔的观点相辅相成，因此，在他看来，他们俩简直是天作之合。

他们在森林里漫无目的地走着，突然发现前方有片空地，空地上还有个被芦苇掩盖的水塘。玛丽走得有些累了，就躺在水塘边晒起了太阳，皮埃尔则像个淘气的孩子一样，想寻找水塘周围的蜻蜓、蝾螈和火蛇，但一无所获。本想继续找寻的皮埃尔，发现了不远处水面上的睡莲和近处的鸢尾花，如果摘一些给玛丽打扮打扮该多好，但没有船。忽然，他发现前面有棵树倒在水面上，他决定顺着树爬过去，即使因为树滑而掉到水中去，但为了心爱的人，又算得了什么呢？很快，皮埃尔顺利地采到了许多花，他用那些睡莲和鸢尾花编了一个漂亮的花环，戴在了玛丽头上。

过了一会儿，皮埃尔突然俯下身子，贴着地面，小心翼翼地爬到岸边，像是发现了猎物的猛兽一般，准备随时出击。玛丽巴不得静静地躺在那，根本没有注意到皮埃尔的动作。天太热了，她才懒得动呢！突然，刚睁开眼睛的玛丽吓得大叫起来，她满脸惊慌地看着自己手中的那只青蛙，那种凉凉的、滑腻的触感让她感觉很奇怪。

"你不喜欢青蛙吗?"皮埃尔讶异地问道。他一直都很喜欢它们。

"喜欢，但不能把它放在我手上。"

"这你就错了，你瞧，它们多有趣，你看这只，长得这么好看!"

为了消除玛丽的紧张感，皮埃尔把青蛙放生后，两人又开始聊起了轻松的话题。

他们一边走着一边说话。直到他们走到那个放置自行车的房屋前，直到再次骑上它，一路上，玛丽都戴着那个香气四溢的花环。

沿着森林中的小路在巴黎周围转了一圈后，八月中旬，他们来到了那个位于北部、被森林覆盖的小镇——尚蒂伊。从这里路过时，那里的赛马总是从它们宽敞的马厩里注视着行人。玛丽和皮埃尔与家人约定，在镇子里一家叫"鹿"的农庄见面。他们在那里见到了布罗尼亚、凯西米尔，还有他们的女儿埃兰娜——大家习惯性地叫作"劳"，以及凯西米尔的母亲、玛丽的父亲和海娜。

这个农庄有着自己独特的魅力，除过偶尔的犬吠声、伐木时叮叮咣咣的砍树声、受惊的野鸡仓皇逃窜时的声音，再无任何其他声响。在这里，目光所及之处，是满地的金黄色的百合花枯叶，美极了。

在农庄里，他们无话不谈，也经常和埃兰娜一起聊天。小家伙已经三岁了，她活泼可爱，总是逗得大人捧腹大笑。有时他们会和斯可罗多夫斯基教授讨论科学，有时也会谈到如何培养孩子这个话题。有时，他们也会和从索镇专程赶来的皮埃尔的父母谈论医学和政治。玛丽不知道的是，在法国，每个人都有言论自由的权利，所以，当她听到皮埃尔的父亲和朋友们高谈阔论起政治时，她吃惊地张大了嘴巴。对他们来说，政治如生命一样重要，他们无时无刻不在关心着国家的前途和命运。在这个自由的国度，他们想说什么就说什么，所以他们觉得有趣极了。但皮埃尔可不这么认为，他不喜欢政治，因为他不喜欢发火，不过要是遇到被残酷野蛮的政策所压迫的人们时，他会毫不犹豫地站在受难者这边。

蜜月结束后，皮埃尔和玛丽住进了巴黎的一所公寓里。这个家是如此特别！因为没打算招呼客人，所以只有两张凳子。如果有一位不请自来的人走进这个家，就会发现夫妇二人正在忙于工作，根本无暇顾及他。客人无奈，只得自己找地方坐——很显然他找不到，于是，不得不尴尬地离开。强烈的进取心让他们将时间都投入到了工作中，哪还有时间招待客人？更何况，玛丽除过将足够的时间放在科学研究上，还要腾出一定的时间做妻子应该做的家务活。

她尽可能地把家里布置得简单些，这样就可以在收拾屋子上少花费些时间了。所以，房里没有铺地毯、没有扶手椅和沙发，墙上也没有装饰任何东西。而桌子、仅有的两把椅子和书架所用的木料比较特殊，不需要擦拭灰尘。插在花瓶里的鲜花，给这个简单朴素的房里增添了一种别样的美，而一排排书、一个油灯、一沓沓物理资料反映出，这个房间的主人是个学者。志趣相投的他们彼此相爱，喜欢大自然，喜欢科学，因此，还有什么不满足的呢？然而，他们毕竟不是万能的上帝，当然是要吃饭的，而这，是他们不得不面对的现实，现在，玛丽再不能像没结婚时那样，随便吃点就行了。

为了操持家务，她买了一本黑色的账簿，上面写着"账单"两个烫金大字。她知道，不浪费每一分钱是一个家要过上幸福生活的基础——特别是对一个一年只能花240英镑的家庭来说。

此外，玛丽必须提高她的厨艺，不然，皮埃尔在消化和健康方面就会受到影响。她为了将大多数时间都用在科学研究上，她必须找到一个又快又好地做饭的办法。虽然现实如此残酷，但人总能找到各种应对之法。玛丽每天很早就起床去菜市场买菜，回家后还要整理家务，再就是做饭。结婚前她已经偷偷地向布罗尼亚和皮埃尔的母亲讨教过如何做饭，但仅仅学到一点理论是远远不够的，实践才是最好的老师。因此，皮埃尔常常不知道自己吃的是什么，但不管是什么，不管味道是好是坏，他都会不假思索地吃下去。然而，玛丽突然想到，法国是一个以美食和烹饪闻名于世的国家，她不能让她的法国婆婆有这种印象——波兰姑娘不会做饭！不！所以，她开始钻研各种食谱，就像做实验时那么投入，书的空白处被她写得密密麻麻，全是做饭时各种成功与失败的记录。不过，有些问题书中并没有提到，比如：牛肉应该在开水还是冷水里下锅；大豆需要煮多久才能熟；怎样才能让空心粉不粘在一起？玛丽觉得，这些问题都要进行科学实验才能得出结果。经过一段时间的思考和研究，玛丽找到了一个绝妙的方法：她精确地计算出火焰的温度，以及锅里面那些菜烧熟所需要的时间，然后，她打开煤气，离开家，去实验室待八个小时。你瞧，谁说科学对做饭没有一点用？

晚上，跟皮埃尔一起回家途中，她总会顺路买些食材和水果。到家后，晚饭也好了，吃过晚饭，洗完锅碗瓢盆后，她在账单上记好每天的开销，接着，翻开书开始学习，直至凌晨两点，只为再取得一个学位。从早上六点起床，到凌晨两点睡觉，如此漫长的时间里，她几乎没有休息过！但她仍然忙里偷闲，给哥哥约瑟夫写信：

我们过得很好，身体健康，生活幸福。我按照自己的想法设计房间，总之，越简单越好，这样就不用将太多心力浪费在家务活上了，我才能更好地工作。我们雇了一个钟点工，她每天来干一个小时，除过洗碗外，还做一些粗活。

他们的生活波澜不惊。他们经常去索镇看望皮埃尔的父母，但每次都是带着工作去的。那里有两间他们的专用房间，他们可以像在家里一样不受打扰地进行研究。为此，他们几乎没去看过舞台剧，也没有做别的事，甚至，连姐姐海娜的婚礼也没有时间参加。除过在复活节那天休了几天假，他们整年都忙于工作——一直到第二年八月，玛丽通过考试。

这次，玛丽考了第一名。皮埃尔跟她一样激动，他紧紧地抱住她，两人手挽手一起回家。到家后，他们给干瘪的自行车轮胎打满气，收拾好行李，准备去奥弗涅山①度假。关于这一天，玛丽在日记中写道：

　　那天万里无云，我们耗费了大量体力，大汗淋漓地登上奥布拉克高原②后，躺在那片绿油油的草地上闭目养神。还记得有个晚上，我们在特鲁耶尔峡谷中流连忘返，突然，从谷底顺流而下的小船上传来一阵笛声。笛声百转千回、悠扬缥缈，在这峡谷中响起，此情此景，犹如天上人间。但我们弄错了行程，直到太阳落下时才回到旅馆，路上，我们遇到几辆马车，飞快的自行车让马儿受了惊，我们只能从刚犁过的地里穿过。当我们返回到之前的大路上时，月亮已经高高地升了起来，月光下，牛棚里的耕牛正用它们那双大眼睛，一动不动地盯着我们。

　　度假结束后，他们又开始了忙碌的工作。不管是之前单身的玛丽，还是婚后的居里夫人，生活都以它残酷的一面反复地告诉玛丽：要想得到世界上最美好的东西，就要付出最昂贵的代价。

　　玛丽渴望和皮埃尔分享一切，她喜欢科学，也喜欢孩子，但她发现，怀孕后很多事她都不能做了，比如：她不能因为研究钢的磁

---

　　①　奥弗涅山：位于法国中部城市克勒蒙菲朗城的西面。山上遍布火山，如今已被辟为"火山公园"，供来自各地的游客观赏。

　　②　奥布拉克高原：海拔1000多米，位于法国南部，这里以奥布拉克牛肉享誉世界。

性而站八个小时，也不能和皮埃尔去布列塔尼半岛①的海湾骑车兜风了。听闻她怀孕后，玛丽的父亲专程从波兰赶来，让她立即停下手上的工作，休息一段时间。玛丽发现，自己不得不在某些事情上做出让步，她答应了父亲的要求。皮埃尔从巴黎给玛丽写了一封情意绵绵的书信，为了让她见识到自己的学习成果，他特意用波兰语写的信——虽然波兰语对他来说，的确很难学。

我倾尽全力去爱的姑娘，是如此漂亮可爱。收到你的来信，我很高兴。我一切都好，只是很想你，我的心无时无刻不在你身边。

玛丽用简单易懂的波兰语回复他：

这里天气晴朗，阳光很好。你不在我身边，我很不习惯，也不开心。我每天都在等你，你怎么不来呢？我在这里很好，我尝试着工作，但庞加莱②的书太难懂了，我一定要和你谈谈这本书，并且和你一起把我不明白的地方再读一遍。

———————————

① 布列塔尼半岛：位于法国西部，面积约 24000 平方公里，北部为圣马洛湾，南部为比斯开湾。
② 庞加莱（1854—1912）：法国数学家、天体力学家、数学物理学家、科学哲学家。

　　玛丽和皮埃尔的第一个孩子——伊蕾娜①出生了，这虽然让玛丽变得更加忙碌，但也带给了她更多的快乐。这个小生命被玛丽像公主一样地呵护，她亲自给小家伙喂奶、洗脸、洗澡、穿衣，如果不是医生要求，她才不会请保姆替她做这些事。

　　于是，现在她每天必须要去做的事，除过进行科学研究、照顾好丈夫日常生活、整理家务这三件事外，还要照看好女儿。当她要工作时，伊蕾娜不是因为正在长牙而嚎啕大哭，就是因为感冒发烧，或是不小心碰到了头，她只能停下工作，照顾她的公主。有时，无可奈何的两位科学家只能彻夜围在伊蕾娜的婴儿车前，一步也不敢离开。有时，正在实验室忙着做实验的玛丽，会突然冲出去，一路跑到后花园，看保姆是不是弄丢了自己的女儿。事实证明，玛丽有些过于紧张了。因为伊蕾娜正安静地坐在婴儿车里，保姆正推着她在花园里悠闲地散步。保姆离开后，祖父就成了伊蕾娜忠实的仆役。而有了祖父的照顾，玛丽再也不用在工作上分心了。

　　生完孩子的玛丽，各种事情让她忙得焦头烂额，很自然地，她变瘦了，却比以前看上去更漂亮了。她的清瘦赋予了她一种高贵的美感，使她看上去更美了。若不是她略显粗犷的眉骨和眼神，让她看起来不至于那么柔弱，还真让人怀疑她会被一阵风刮走呢。

---

　　①　伊蕾娜（1897—1956）：即伊雷娜·居里，是居里夫妇的大女儿。她与丈夫约里奥·居里发现了中子，两人于1935年共获诺贝尔化学奖。1948年，他们领导建立了法国第一个核反应堆。

第十一章　伟大的发现

　　像其他出类拔萃的理科生一样，玛丽一直在实验室搞研究。现在的她，已获得了两个硕士学位和大学教研室的职位，她还发表了一篇关于回火钢的磁化论文。但对此她并不满足，她渴望攻读博士学位，这可是每一个有理想有抱负的学者最希望获得的学衔。但要获得博士学位，就要有创造性的发现，或是创新性地解决某些悬而未决的问题。可问题是，有太多问题没有解决，而且，有的问题根本就没有答案。有的人可能勤劳奋斗了一生，到头来却是一场空。莎士比亚①说过："世间皆未知。"而在这些未知的事物中，玛丽会发现什么呢?

---

　　①　莎士比亚（1564—1616）：是英国文学史上最杰出的戏剧家，也是欧洲文艺复兴时期最重要、最伟大的作家，更是全世界最卓越的文学家之一。

皮埃尔是玛丽所在的实验室的主任，她当然应该听从他的意见，何况，他本就是一位知识渊博、经验极其丰富的物理学家。比如，他会告诉玛丽应该去研究什么；哪个领域的研究成果会让人们对这个领域产生进一步的认识，同时，还会改变这个世界。然而，在通往知识殿堂的道路上，还会有哪些未知的阻碍呢？为此，他们总是在讨论这个问题。有天，玛丽看到亨利·贝克勒尔①一年前在杂志上发表的报告，他们对这篇报告很感兴趣，又重新研读了一遍。

有些东西自身就能发光！它们不需要借助于阳光、星光或是其他光源，因为他们内心就存在着对科学孜孜以求的希望之光！玛丽觉得，这太有趣了。

当时，伦琴②刚发现了一种新的射线——X光，不久后被医生广泛用于给病人透视、做检查上。对此，庞加莱则有种设想，会不会还有与X光类似的射线呢？亦即能自身发光的物体在光的照射下所产生的光线。而这个问题，让贝克勒尔也产生了极大的兴趣。他研究了一些物质，想看看能否发现类似于X光的其他射线。当他研究一种被叫作铀的稀有金属时，他发现了一件从未有过的、极为新奇的事：铀盐不用任何光照射，就能自行发光！从来没有人遇到过这种事情，没有人了解这种奇异的光线，更没有人能对

①　亨利·贝克勒尔（1852—1908）：法国物理学家。因发现天然放射性，与居里夫妇共同获得了1903年度诺贝尔物理学奖。

②　伦琴（1845—1923）：德国物理学家。他因发现X射线，1901年被授予诺贝尔物理学奖。为了纪念他的成就，X射线在许多国家都被称为伦琴射线。

这一切做出一个合理的解释。但贝克勒尔对它却有所了解，比如，把铀的化合物放在用黑纸包着的胶卷底片上，底片就会感光；它还能使空气导电，使验电器放出电流。呵！真是种神奇的射线啊！

贝克勒尔发现了这种奇怪的射线是存在的，而玛丽决定对它进行进一步的研究，从根本上解释这种放射现象，并且以此作为她博士论文的论题。虽然这种物质可能极其微小，但玛丽觉得，无论如何都应该坚持研究下去。她要找到这种放射物来自何处，它产生放射的原因是什么，也就是说，它的性质是什么，或者简单地说，它究竟是什么？而一旦知道它是什么物质，那关于它的一切就能解释清楚了。

然而，想要研究它却并非易事，因为除过贝克勒尔发表的那篇报告外，再无其他资料可供参考。她将要研究的这个课题没有任何人知道，所以也没有导师能够指导她。但一想到这个奇异的未知领域，她内心深处的冒险精神就完全被激活了。

一个探险家想去亚马孙河探险，就必须有带他穿过巴西森林的船只，同样的，玛丽想要做实验，就必须有个实验室。皮埃尔向自己认识的人打听，但没有人能够提供一个合适的地方。功夫不负有心人，理化学院的院长答应将底层的旧储藏室借给她。虽然那里灰尘足足有一尺厚，屋子四周都结满了密密麻麻的蛛网，各种用品横七竖八地躺在地上，但对玛丽来说，她总算是有地方做实验了，难道这还不好吗？

玛丽简单清理了一下这个房间，就在这个偏僻的、简陋到极致的地下室开始了工作。冬天时，即使寒气从四面八方侵来，她也能忍受，可是她那些精敏的仪器对环境有很苛刻的要求，经常出问题。如果房间里湿气太重，它们就会受到很大影响，稳定的温湿度对它们尤为重要。比如，静电计具有高度灵敏性，在这里做实验时，她必须考虑到环境这个因素，才能使实验结果更加准确。

一切准备妥当，玛丽开始正式进行铀射线实验了。她要测试这种射线的"电离能力"，并查明它有多大能量使空气成为导电体，还有，它让验电器多久后才能放电。

玛丽的验电器是个两侧分别有个小孔的金属盒子。盒盖下方，有一块硫黄绝缘体 SS，在它上面连着一条垂直的铜片 B。而与这个铜片垂直相连的是一根横着的电线，它左边与圆形的把手 C 相连，右边与电容器底盘 P′相连，此外，一条往左下的金属箔片 L 也与 B 相连。而整个验电器与地面相连。接通电源后，将要被测试的物质放在盒子外部的电容器底盘 P 上。这种物质会以空气为导体，通过 P 和 P′之间的传导，使验电器的电流开始流走。而随着电流漏出，金属箔片 L 也会慢慢下落。

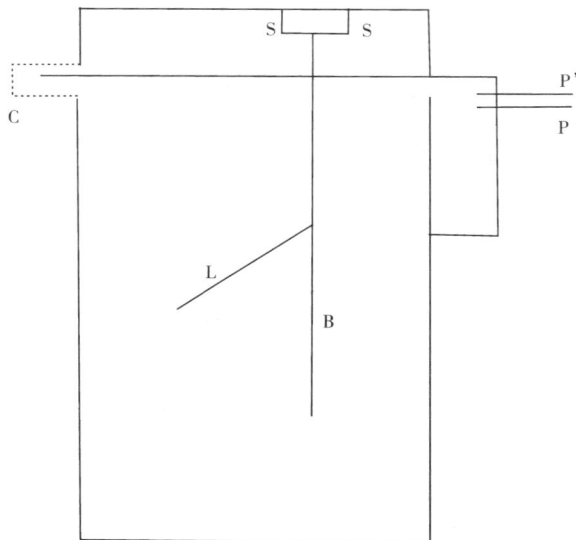

　　玛丽用显微镜透过验电器上的小孔观察着里面的情况，她发现，金属箔片从开始落下到完全落下后所需要的时间，与铀射线的强度成正比。而经过几周的反复研究后，她断定，铀的辐射强度和她放在 P 上的铀样品的纯度成正比，而且，它的强度不受样品的化学结构、光、温度或除它本身的一切外在因素影响，这简直太特别了，它到底是什么呢？

　　如果仅仅想通过铀来研究这种射线，她觉得已经行不通了，她在想，这种奇特的、崭新的射线或许还存在于铀之外的物质中。虽然还没有人发现它的存在，但并不等于它永远不会被发现。玛丽决定了，她决定对所有已知的化学物质再进行一次彻底地检查！所有已知的化学物质！所有的！——这需要多大的决心！

　　除过检查这些化学物质，玛丽还有许多家务活要做，比如安排

17岁时你不漂亮，可以怪罪于母亲没有遗传好的容貌；但是30岁了依然不漂亮，就只能责怪自己，因为在那么漫长的日子里，你没有往生命里注入新的东西。

——【法】居里夫人

好丈夫的生活起居；给伊蕾娜穿衣、喂饭，跟她做游戏、教她学习。但玛丽似乎忘记了这一切，她把一切精力和时间都投入到了工作中。根据玛丽的猜想，如果铀能自行发光，那么，在这个浩瀚宇宙中，肯定还有其他物质也具有这种特性。有这种想法的可能不止她一人，但他们都只是猜想，而玛丽却要把这种猜想付诸实际行动。

事实证明，的确有也能自行发光的其他物质——钍。而这种自行发光的现象被玛丽称作"放射性"。

玛丽对一切已知的化学物质都已检查完毕，当这些以无数种不同的方式和特定的比例组合在一起的物质，就形成了整个世界。而其中，两种物质具有放射性。它们为什么会产生这种神奇的放射现象呢？她已经检查了那么多的化学物质，也没有找到一个合理的答案，她又能怎么样呢？

这世上有太多的未解之谜，玛丽对此充满了好奇心。她决定去博物馆，从那些矿石入手。含有铀和钍的矿石具有放射性，否则，就没有放射性。当然了，这些矿石的构成成分已被记录下来了，玛丽只需从记录中找出含有铀或钍的矿石进行研究就可以了。

当发现一块放射性矿石后，玛丽就开始测评它里面的铀和钍的含量，以及整个矿石的放射性。一加一应该等于二，但结果是这个矿石创造出了八份的放射性强度！

$1+1=8$！！！

她测评的这个矿石的放射性，要比它里面所含的铀或钍的放射性强太多了，根据自己的经验来判断，这是绝对不可能的。她迫不及待地开始重做这次试验，她觉得肯定是自己哪里搞错了。

令她不解的是，重做得到的试验结果跟之前的完全一样。她一次又一次地重做这个试验，哪怕是重做了 20 次，最后的结果仍然是一模一样的。

到最后，她只能下了这样的结论：这种矿石里面有一种不易被察觉的、极其微小的、不被任何人所了解的特殊物质，它的放射性远远强于铀或钍。

如此这般，1898 年，玛丽发现了一种存于世界的新物质。她给布罗尼亚在信中写道：

> 这种我不了解的射线，是从一种未知的元素中发出的。我肯定这种元素一定存在，我会把它找出来！我和皮埃尔都相信它肯定存在，但我们与别的科学家谈到此事时，他们都觉得是我们做实验时出了差错，还劝我们仔细一点。但我肯定我没有弄错！

未知的元素？会是什么呢？兴奋的玛丽曾写过这样的日记：

> 生活从来都是艰难的，但我们有信心有毅力，又何惧一切？我们要深信一点，我们与生俱来的天赋不会被白白浪费掉，反而会帮助我们完成某些伟大的事，而为了这些，我们即使付出

全部，又有何关系？

1898 年 4 月 12 日，玛丽发表了正式声明："沥青铀矿和铜铀云母比纯铀的放射性强了太多。这个事实如此明显，我们有足够的理论表明，这些矿里很可能含有一种比铀的放射性强得多的元素。"

她一直坚定不移地相信，这种元素是存在的，但她必须亲自找到它，并且把它公之于世。皮埃尔对玛丽的研究报以极大的热情和兴趣，经常和她一起研究探讨。他决定暂时放下自己手中的工作，和她并肩奋战，靠两个人共同的智慧和力量，找出这种神秘的元素。从此，这个神秘的小东西又多了一个"敌人"，它定将无所遁形。而配合默契的两个人，在这项研究中，成了一对最最亲密的战友。

皮埃尔和玛丽以沥青铀矿作为主要研究对象，因为它的放射性是其内所含铀的放射性的 4 倍！然而，科学家们已经了解了沥青铀矿中的所有元素。所以，经过认真仔细的讨论后，他们认为，这种未知的元素肯定很微小，小到连最细心的科学家们也没有发现。最后，两人猜想，这种元素在沥青铀矿中的含量可能只有 1%。可是，如果他们猜想的不是百分之一，而是百万分之一，他们又会作何感想呢？

他们把沥青铀矿里面所有的元素分离出来，然后一一测量它们的放射性。他们发现能产生放射的是沥青铀矿里面的两种元素，但都是未知的。在 1898 年 7 月，他们发现了其中一种元素。

"你给它起个名字吧！"皮埃尔激动地对玛丽说道。

这个发现定将轰动全世界，各种新闻也会传遍每个国家，所以她想以自己备受压迫的祖国的名字——波兰，来命名这个新的元素，以此表达对祖国的敬意，让更多的人去关注多灾多难的波兰。于是，她轻声对皮埃尔说："钋①。"

而后，她回到家，除了做些果冻外，她还给伊蕾娜洗了澡，换了干净的衣服，并记录下女儿的体重，还记下她长了几颗牙，并且能用手势表示"谢谢"，能含混不清地说"走呀走呀，快走"这些话。

假期如约而至，皮埃尔让玛丽放下手上所有的工作，将新元素钋和另一种未知的元素一起丢在了潮湿的实验室里，带着孩子和自行车，搭坐火车去了奥弗涅山区度假。他们参观了小镇中的大教堂，也参观了那些建于奇山险峰中的小教堂，也看到了很多死火山。他们一边散步，一边讨论起了那种未知的元素。他们从克勒蒙②远眺平顶山，当时，法国的首位民族英雄维尔琴盖托里克斯③就是在那座山上，打败了强大的恺撒④军队。后来，他们又到了另一个小镇，

---

① 钋：英文和拉丁文分别是 Polonium、Polonia，这两种不同语种的发音和写法均与 Poland（波兰）相似，居里夫人以此纪念自己的祖国。

② 克勒蒙：法国中南部城市，位于亚列尔河畔。

③ 维尔琴盖托里克斯：是公元前一世纪高卢社会人民派领袖，曾在格尔哥维亚打败过恺撒。

④ 恺撒：史称"恺撒大帝"，是罗马杰出的军事家、政治家，也是罗马帝国的奠基者。他在 8 年的时间里征服了高卢全境（今法国一带），还袭击了日耳曼和不列颠。

这里埋着法国的另一位民族英雄——贝特朗·杜·盖克兰①，正是他，才让法国人有了一种民族自豪感。他们从高往低看向下面那条路——"锡路"，腓尼基②人正是通过这条路，把锡从荒蛮的不列颠运到文明的东方各国。所有的历史再次如幻灯片一般，从他们脑海中一幕幕闪过，而那些未知的事物好像也在他们眼前晃动，敦促着他们要时刻为此而努力。

秋天来了，一家三口回到家里，又开始了工作：伊蕾娜不仅要长出更多的牙，还要学会走路，不能总是爬来爬去了；而她的父母亲呢，又要在那间潮湿的实验室里寻找那种"狡猾"的元素。

他们终于找到它了！

1898 年 12 月 26 日，他们在给科学院的报告中宣称："这种新的放射性物质中含有一种新元素，我们提议将它命名为'镭'……它的放射性一定特别特别强。"

---

① 贝特朗·杜·盖克兰（1320 年—1380 年 7 月 13 日）：法国民族英雄，百年战争初期杰出的军事领袖，他从 1370 年直至去世，一直任法国骑士统帅。他让法国人重新夺回了他们在战争初期失去的多数领地。

② 腓尼基：古地名，位于地中海东岸，大约位于现在的黎巴嫩附近。

第十二章　黑暗中的曙光

　　至此，这种神秘的、未知的放射性物质有了自己的名字，尽管如此，仍然没有任何人见过它的"真容"，就连给它取名的居里夫妇也没见过。它不像有些能切切实实地接触到的物质那样，被装进实验容器里，然后测出它的质量。质量和原子量对一个科学家来说，是证明某种物质存在的依据。因此，在其他科学家看来，只存在于皮埃尔和玛丽脑中的这种微量物质，其实根本就不存在，因为连这对夫妇自己都不知道它的原子量。他们得尽快提取出镭元素，并测出它的质量，只有这样，科学家们才会相信这种元素的确存在。

　　居里夫妇心想："这种元素就在这些沥青铀矿里，但每块矿石里的含量极其细微，如果能获得大量的沥青铀矿，从中提取出全部的镭元素，那就能得到一块用肉眼都能看到的镭。"

那么，首要问题就是，他们从哪弄到这么多的沥青铀矿？如果弄到后，又要存放在哪？即使找到了存放的地方，又要怎样加工呢？

问题虽多，仍要一个个解决。首先是获得足够的沥青铀矿。居里夫妇知道哪儿能找到它，因为波希米亚人①用它们来制造美丽的玻璃，但这种矿石价格昂贵，他们根本没有足够的钱去购买。不过，波希米亚人并不是直接用沥青铀矿制造玻璃，而是从中提取铀，然后才能生产出玻璃，再把大量的粉状废渣弃于圣约阿希姆斯塔尔矿区的森林里。他们心想："铀里面不存在镭和钋，所以，它们一定在这堆废渣里，也许，我们可以说服玻璃厂长，让他把这堆废渣以低廉的价格卖给我们。"

"卖？"厂长惊讶地问道，"如果你们肯承担运费的话，可以免费拉走它们。"尽管这笔运费也是一笔不小的开支，但居里夫妇还是毅然拿出全部积蓄，寄到了波希米亚。

沥青铀矿这个问题解决了，装满火车车厢的废渣马上就要运抵巴黎了，把它们放在哪儿呢？

皮埃尔和玛丽回到了那个伟大的盛产科学家的摇篮——索尔本大学。那里有许多高大雄伟的建筑，他们想在这里应该能找到一个可以存放废渣的地方。结果让他们很失望、无奈，他们又回到了自己所工作的理化学院，但依然没有任何空余的地方给他们用。现在，

———————————

① 波希米亚人：指的是原波西米亚王国的居民，这个王国的领土现在位于捷克境内。

唯一能用的地方就只有那间棚屋了，它位于他们实验室外面的院子里。但这是个怎样的棚屋啊！用玻璃做的屋顶破碎不堪，下雨时，雨水会顺流而下，这太糟糕了，因为做任何实验都必须在干燥的环境中进行；棚屋里没有像样的地板，只在地面上铺了一层劣质的柏油；而屋里的家具，除过几张桌子、一块黑板和一个已经锈迹斑斑的火炉外，就别无他物了。如果在这样的屋里工作，夏天时，就会被烤焦，因为是玻璃屋顶；冬天时，外面飘着鹅毛大雪，他们在棚屋里就冻得直跳脚，因为火炉是坏的；下雨时，他们又会被淋一身雨。但这些困难没有让他们退缩，真正的问题是，实验时会产生有毒的气体，而这个简陋的棚屋里并没有安装排气设备，所以，他们的大多数工作都要在露天的院里进行。但有句话叫既来之则安之，对棚屋进行简单的收拾整理后，他们就决定在这里静下心来工作。

那个令人兴奋的早晨终于到来了。理化学院门口停着一辆大煤车，是由几匹脖子上拴着铃铛的高头大马拉来的。居里夫妇匆忙地冲了出来，迎接他们的货物。看着穿着实验服、连帽子也忘了戴的他们，车夫们很惊讶，车上拉的都是煤，他们为什么会如此激动呢？

是的，它运的不是煤，而是一袋袋褐色的残渣。玛丽等不及马车进到院子里，就激动地当场解开其中一个袋口上的绳子！没错！是沥青铀矿！正是她迫切需要的沥青铀矿！而说得确切点，她要的只是沥青铀矿中的一部分物质。她的心跳得更快了，她的眼睛闪着兴奋的光芒，她的双手不由自主地颤抖着。她将手伸进了这些废渣里，那里还掺杂着波西米亚树林里的松针。那种未知的放射性物质——镭，它真的在这些废渣里面吗？她能在它们中间找到那些如星星一样的发光体吗？不管如何，即使把这座堆得像山一样的残渣全部分离出来，玛丽也要找到它！

这次运来的废渣被存放在了棚屋里。这是第一批，后面还有。现在，终于要开始完成这项伟大的研究工作了。而这也是他们此生最值得回忆的、最美好的、最艰辛的四年时间。

玛丽把废渣倒进一口大铁锅里，一边煮一边用一根很长的铁棒不停搅动。为了不浪费哪怕一丁点时间，她就连吃饭也在棚屋里解决。人们随时都能看到玛丽穿着被酸液腐蚀得千疮百孔的实验服，在搅动翻滚的渣浆，她的头发也随着这搅动的动作在风中飘动，就像在跳一支美妙的舞蹈。玛丽选择了本该由男人来干的繁重的户外体力活，而皮埃尔则坐在室内的桌子前，通过精细的实验和严谨的科学分析，以求尽快找出这种新物质。有时，玛丽要一次性加工 40 磅重的废渣，弄得一屋子都摆满了用来装沉淀物和溶液的大罐子。她要经常搬动这些重物，还要不断搅动大锅里的渣浆。

在棚屋里劳累了一天，回到家后，玛丽还要照顾伊蕾娜，给她喂饭、洗澡、哄她入睡，然后，她就可以去书房里和皮埃尔一起讨论工作。但玛丽刚把伊蕾娜放在婴儿床上、给她盖好被子正要离开的时候，她就"妈妈！妈妈！……"地喊个不停。所以，玛丽只能坐回床上，轻轻地拍打着伊蕾娜的后背哄着她，直到她睡着。皮埃尔对这个缠人的小家伙有点不满了，他需要玛丽有更多的时间来跟他一起研究工作，但是没有办法，只能等到伊蕾娜熟睡后，她才能去书房。

第二天，他们还得继续工作。研究了这么久，镭到底在哪？难道他们此生都无法找到它？他们夜以继日地做实验，从刚开始研究到现在，这已经是第四年了，而他们像是生活在一个虚幻的梦里，他们想的做的，除了这种元素，再无其他。有天，他们在院里散步，玛丽说道："等我们找到它时，不知它是什么样？"

皮埃尔回道："我希望它的颜色很漂亮。"

1900 年，法国化学家安德烈·德拜耳尼①登门拜访并帮助了他们。在他们发现镭和钋之前，他已经发现了它们的同族"兄弟"——锕。

先前那些马车运来了更多的废渣。玛丽一如既往地每天坚持把大量的溶液提纯，这里面镭的含量也越来越大，但它们仍然像个神秘的小偷一样，让他们找不到半点踪迹。

虽然他们极富耐心和信心，但现实中的困难却接踵而至，他们现在的余钱连维持最基本的生活都成问题，更别说进行实验研究了。为了得到每年 240 英镑的工资，皮埃尔不得不教更多的课，也不得不缩减研究镭的时间，即便如此，还是不够他们一年的花费以及伊蕾娜的保姆费。因此，皮埃尔为了得到更好的工作条件和更多的工资，决定去大学里应聘，如果成功，或许还有可能在那里申请一个专业的、设备先进的实验室，而且，大学里面的课少，晚上也不用

---

① 安德烈·德拜耳尼：他于 1899 年首次发现了一种元素——锕。

批改大量的作业。

但上天却总是如此不公，能力出色的人往往得不到这样的职位，而最终被录用的人，不是校长的熟人，就是那些善于溜须拍马或是走后门的人。有次，皮埃尔得到消息，有一份适合他的工作目前正在进行招聘。而按照惯例，他想得到这份工作就必须先去拜访任命委员会的每个委员。他对此厌恶不已，但为了这个职位，他只能硬着头皮按响门铃，请求拜见委员，然后被领进客厅，坐下来等主人接见。当委员出来会见他时，皮埃尔更加不好意思了，他对自己只字不提，而将所有的赞誉全部送给了竞争对手。自然而然地，最后得到职位的是他的竞争对手。

可是，为了一家人的生活，他必须找到一份工作。终于，他在法国最著名的两所学校中的一所——综合理工学院里得到了一个年薪100磅的辅导员工作，这样，总算是能增加一点收入了。

在皮埃尔将要入校任职时，日内瓦大学答应聘他为大学讲师，这可是他心仪已久的工作啊！而且，那里还有设备齐全的实验室，以及他要求的一切仪器。他答应了日内瓦大学的邀请，一家三口举家迁往瑞士日内瓦。但到了之后，他们才发现离不开巴黎，因为他们不能放弃对镭的研究，这绝对不行！它就像他们的孩子一样，绝不能抛弃。不管巴黎这座城市如何对待他们，他们也必须回去，只有在巴黎才能继续对镭进行研究。所以，皮埃尔满怀歉意地离开了日内瓦，又回到了巴黎，而他们贫穷的日子还在继续，但对镭的研究热情依旧如是。

然而，幸运之神也有垂怜他们之时。回到巴黎不久后，皮埃尔在一所理化学院得到了一个职位，而玛丽也去了赛福尔女子高等师范学校做老师。这里的学生太幸运了，因为她们的老师居然是玛丽·居里！可悲的是，人们完全不知道，对于镭的研究只能由她完成，而能胜任这所学校里教书工作的人可不止她一个。玛丽认真备课，将她独到的见解分享给学生们，她们听得津津有味，对她赞不绝口。但她每天因为乘坐电车、备课和批改作业，而浪费了太多宝贵的时间，这份工作，对她来说，简直就是大材小用。皮埃尔和玛丽有时会疲倦地想，他们还能找到镭吗？

玛丽把婚后改善伙食的想法完全抛到了九霄云外。"你们几乎不吃东西。"他们的医生在给皮埃尔的信中写道，"我经常看见玛丽只吃两根腊肠，外加一杯茶，即使再健康的人，长此以往，也会瘦成皮包骨头，不是吗？你可能会这样反驳我：'她又不是孩子，她知道自己饿不饿。'其实，她的做法就像孩子，只是她不懂。出于我们之间深厚的友谊，我才这么劝你们。还有，你们在吃饭时，不应该看书，也不应该谈论物理……"

但不管是皮埃尔，还是玛丽，他们对医生的忠告都置若罔闻，他们只关心能不能在娄蒙路那间棚屋里找出镭，其他任何事都无关紧要。

后来，皮埃尔提议，他们不必执着于亲眼看到镭，而应该研究它的性质，但被玛丽否定了。

玛丽的愿望终于快要实现了。她不用再炼制那些废渣了，因为她已经提炼了废渣里面所有的镭，它们体积不大，完全可以存放在棚屋里。为了尽快找出镭，她需要一些灵敏度极高的仪器，还有一个防尘防潮、不冷不热的屋子，而且，屋里不能存在任何影响她进行试验的东西。遗憾的是，她没有找到符合这种条件的屋子，她只能继续在棚屋里研究。但这里尘埃满屋、冷热不定，还有不知何时会刮来的大风总会扰乱她的工作，以至于很多时候，她不得不重做某项实验，但天生毅力惊人的她，对这一切已经习以为常了。

时间来到了1902年，距离玛丽宣布镭可能存在后，已经过了三年零九个月，而她也终于如愿以偿地发现了这种神秘的物质！她在那些废渣中看到了点点亮光，是镭在发光！她从中提取了一毫克镭。它有重量，它的原子量是226。在事实面前，那些当初质疑她的科学家们对她表示了由衷的佩服。

在发现镭的那个伟大的晚上，伊蕾娜终于放开妈妈的手，缓缓进入了梦乡，而玛丽回到皮埃尔身边继续给伊蕾娜缝制衣服——她的衣服都是玛丽亲手做的。突然，玛丽放下手中的针线活，大叫道："我们再去一趟实验室吧！"

皮埃尔没有问为什么。两个小时前，他们刚从实验室离开，但他们还想再看看它——镭。他们想看到它的心情如此急切，就像是想看到他们刚刚出生的孩子一样。他们告诉伊蕾娜的爷爷，他们要出去一下。他们手牵着手，穿过热闹繁华的大街，走过工厂区，来到了娄蒙路的棚屋里。

"别开灯！"玛丽说，"你忘了吗，你说希望它有种漂亮的颜色!"

在一片漆黑的棚屋里,镭发出的亮光照亮了他们兴奋的脸,它真的能发光!

"你看!快看!"玛丽抑制住内心激动的心情,低声说道。她在身边摸到一把椅子坐下来,看向周围。

黑暗的棚屋里,那几点微弱的光芒,就如冰凉的月光映照在蓝色的海面上,海水盈盈起舞,美不胜收。而桌子上、架子上到处都是这种奇异的光芒。被装在小容器里的镭,在黑暗中照亮自身的同时,也向世人宣告了它的存在。

第十三章　坚决不卖

　　居里夫妇的发现震惊了全世界！一种全新的东西出现在人们的生活中，并使人们对很多事物改变了看法。科学家们谈论着它，放学路上的孩子们也在谈论它，而最为高兴和自豪的就是广大的女人们，因为以往的重大发现都是男人们完成的，而这次终于是由一个女人发现的。不过，在镭没被发现之前，谁也想不到它会这么神奇。

　　寄给居里夫妇的信件如雪片般从英国、丹麦、德国和奥地利飞来，这些国家的科学家们恳请看看居里夫妇关于这一新发现的资料。同时，世界各地的科学家们也都开始对镭进行进一步的研究，以求发现它以及它的同族元素的更多特性。其中，拉姆塞①和索迪②两位英国科学家发现镭会放出极少量的新气体，他们称之为氦气。这就表明，镭里面含有氦。这让人们难以理解。科学家们已经习惯了嘲笑中世纪的炼金士，因为他们深信能将铁炼成金子，而在科学家们眼中，那些炼金士在氤氲的山洞中炼金的画面简直太可笑了。他们认为，世间万物都是由特定的化学成分和原子量构成的，现在他们却不得不承认这个事实：镭里面含有氦。他们不知道，是否还有其他物质会产生新物质。而此刻，或许那些炼金士的幽魂正在嘲笑那些科学家吧。

不管如何，即使能把铁炼成金子，也不能与发现镭的这一成就相提并论。镭看起来就像食盐一样，可谁能想到它的放射性居然比铀要强二百万倍。它发出的射线能够穿过除铅以外的任何金属。但是，它太活跃了，以至于即使把它装在密闭的试管里，它每天也能把自身的四分之一挥发掉。另外，它还能自行发热，在一小时内，能完全融化成跟它体重一样的冰。如果你没有把它保存在冷气中，它自身的温度就会高于周围的温度。如果把它装在玻璃容器里，它又会让玻璃变成紫色或淡紫色。如果把它包在纸中或是棉花里，它又会慢慢腐蚀掉它们。如果你某天忘了买蜡烛，那么你可以把它当

---

① 拉姆塞（1852—1916）：英国化学家，因发现氦、氖、氩、氪、氙等气态惰性元素，并确定了它们在元素周期表中的位置，而获得1904年诺贝尔化学奖。

② 索迪（1877—1956）：英国物理学家、化学家，为放射化学、核物理学这两门新学科的建立奠定了重要基础。1921年荣获诺贝尔化学奖。

作一盏灯，用它来看书学习。

镭还有一个奇妙的特性，那就是它可以把自己发出的射线传到它周围的物体上，并使这些原本不能发光的物体产生磷光。

生活中，人们可以用它发出的光来检测、识别宝石的真假，因为在它的射线作用下，假的宝石从来都不会发光。

玛丽发现，镭随时都在干扰着她，让她做不成任何事。任何靠近镭试管的东西都变得有了放射性，除此外，它还把它的光传到了空气和尘埃中，传到了玛丽的衣服、仪器和笔记本上。即使在玛丽去世后，这些光依然在这些东西上面存在了很长一段时间。

科学家们或许喜欢自己的观点被推翻，所以在镭这个新元素"呱呱坠地"后的几年间，他们一定很开心。这不仅是因为镭自身会创造新元素，而且新元素自身又会创造出另一种新元素。如此下去，就会产生更多新元素，这些元素共同组成了一个新的、奇怪的家族。在这个家族里，每个元素都是由母体创造的。但令科学家们震惊的不止这些。他们发现，这些放射性元素在特定的时间内，会失去自身一半的数量，而且，这些时间是固定的，被称为半衰期。但对此，我们不必过于担心会失去它们，因为这个时间很漫长。比如铀的半衰期是几十亿年。而镭是一千六百年，镭射气是四天，镭射气创造的新元素只要几秒钟。

你能看到镭，能看到它安静地躺在那，但你或许不知道，它的内部一直都在不断地残酷地发生着变化：它的子孙们正在出生，正在被谋杀或是自杀，或是死于冲突。

后来，这种活泼怪异的元素又发生了许多新的情况。为了更加彻底地研究它，皮埃尔不惜以身实验。镭产生的热量灼伤了他的皮肤，但没有明显的刺痛感。渐渐地这块皮肤越来越红，直到第二十天，就像普通烧伤那样结了痂，变成伤痕，而到了第四十二天，烧伤处竟然开始自动愈合。

玛丽可不想像皮埃尔那样，让镭灼伤自己，但她还是被镭烧伤了——尽管镭被放在玻璃试管里，而试管又被放在一个锡做的箱子里。

而居里夫妇共同的朋友——贝克勒尔也不例外。他把装在试管里的镭放进外衣口袋里，等回到家后才发现，自己被严重地灼伤了。

"看看你们的坏小子干的好事！"他对玛丽叫道，"它连我也烧伤了！我这么喜欢它！"玛丽对它也是又爱又恨，因为她的手指尖也被烧得隐隐作痛。

但不久后，人们就发现，愈合之后的伤口，平整光滑，就跟没被烧伤过一样。医生们对此颇感兴趣。他们用镭烧掉已经坏死的皮肤，当伤口愈合后，病人所患的皮肤病也就好了。这给全人类带来了一种美好的猜想，也许，可以用它来治愈癌症。

镭已经被证明，它是多么的有用，很多人都想买到它。玛丽从八吨沥青铀矿中才提炼出一克镭，虽然它价值 30000 英镑，但她不会卖掉它。对她来说，它是非卖品。只要她还在世，就会把它放在实验室里，好好珍藏它，因为它是她这些年克服一切困难、默默付出，并且最终取得这一辉煌成就的见证者。

我从来不曾有过幸运，将来也永远不指望幸运，我的最高原则是：不论对任何困难都决不屈服！

——【法】居里夫人

在某个星期天早上，皮埃尔和玛丽坐在位于凯勒曼大街的家里，邮递员送来一封寄自美国的信，是给皮埃尔的。他看完后，将信又重新装进信封里，然后放在桌上，对玛丽说道："我想跟你谈谈关于镭的事。它将要被大量的生产了。这封信是从布法罗①寄来的，他们想了解与镭有关的一切资料。"

"是吗？"玛丽一副毫不在意的样子。

"是的，我们可以选择……我们可以将提炼出镭的方法和结果毫无保留地公开……"

"当然。"玛丽笑着说道。

"或者，"皮埃尔没有注意到玛丽刚才打断了他的话，继续说道，"我们也可以把自己当作是这些知识的拥有者，以及镭的发明家。如果需要这么做，那我们就要在发表提炼镭的方法之前，取得专利权，这样我们就能从全世界生产镭的公司那里获利了。"

他们都知道，如果申请到专利权，他们就会因此得到一笔巨款。这些钱可以修一座足够大的实验室，还可以买镭来进行研究。如果有了钱，他们能做多少想做而没做的事情啊！

"不，这样不行，这违背了科学精神。"玛丽想了想说道。

皮埃尔同意她的说法，但还是劝她再仔细想一想，因为一旦做出决定，便不能更改。他提醒玛丽，他们都想要一间属于自己的实验室，还有，多为女儿的将来考虑考虑。她真的想错失那些唾手可得的

① 布法罗：又称水牛城，位于美国纽约州西部。

财富吗？

玛丽知道那些科学家们所遵循的伟大传统，就像巴斯德所做的那样。她说："物理学家总是公布他们的研究成果。我们的发现虽说具有商业价值，但它是偶然的，我们不能从中谋利。何况，镭能广泛应用于医疗中，我们绝不能想着用它来换钱。"

皮埃尔再次对她的话表示同意，他觉得用镭的知识做买卖，的确是违背了科学精神。当晚，他就给美国人回了信，把他们想知道的都写在了信上。

就这样，他们放弃了能成为百万富翁的机会，但他们一点也不后悔。他们的镭永远不卖。是他们一直坚持的科学精神把镭带给了全世界。不管世人如何迷失，科学精神都是永恒的，它会把知识无条件地献给全人类。在贫穷和富有之间，皮埃尔和玛丽选择了前者。之后，他们像每次出游时一样，骑上自行车，去夏日的森林里，为他们的房间采摘野花去了。

第十四章　哀痛

　　皮埃尔和玛丽蜚声海内外，法国给他们颁发奖章，英国也向他们发出了诚挚的邀请。他们受邀去英国时，给他们的英国朋友克尔文勋爵带去了一件礼物——装在玻璃瓶里的一小块镭。克尔文勋爵兴奋地像个孩子，带着它在朋友们中间"炫耀"着。皮埃尔将在英国皇家协会做一次关于镭的学术讲座，而玛丽是首位被邀请参加如此庄严的学术会议的女性。这次学术讲座的受欢迎程度，在皇家协会史上可谓是空前的，皮埃尔完美地发挥了自己的口才和专业能力，使广大学者们感受到了镭的神奇魔力。讲座休息间隙，学者们热烈讨论着，说到激动处，甚至手舞足蹈起来。居里夫妇的到来，彻底让伦敦人民沸腾了，他们渴望亲眼看到镭的"父母"。为了祝贺居里夫妇取得的成功，他们受邀参加晚宴。宴会上，玛丽的衣着和打扮令那些贵族和富豪们感到讶异——她穿着朴素的黑色晚礼服；全身上下，没有戴任何饰物；被酸液腐蚀得伤痕累累的双手上，也没有戴一枚戒指。从装扮看上去，她是如此平凡，但却丝毫不比宴会上那些雍容华贵的妇人逊色：她身材修长，五官端正，宽大的前额下，那双眼睛闪烁着智慧的光芒。玛丽对周围的珠光宝气很是喜欢，当她转头看向皮埃尔时，让她惊奇的是，平时对这些毫不在意的他，此刻竟也被那些名贵的珠宝吸引了。

"那些珠宝很美吧？"玛丽问皮埃尔，"我从来不知道世间还有如此漂亮的东西。"

皮埃尔笑道："你知道吗？在宴会上，我无所事事，我就算了下他们戴的那些宝物能值多少钱，而这些钱又能建造多少间实验室、买多少设备。"

谁说不是呢？这对夫妇的确与众不同。他们对能自行发光的物质了如指掌，却对只能产生反射光的宝石一无所知。当英国皇家协会给玛丽颁发戴维奖章时，他们甚至不知怎样处理这枚金质奖章。最后，皮埃尔把它送给了女儿伊蕾娜，因为它摔不烂也咬不破，作为玩具，是绝对安全的。伊蕾娜很喜欢。

面对与日俱增的声望、人们的欢呼声和掌声、记者无孔不入的采访声，他们疲于应付，烦恼不堪，却又不知如何是好。

1903年12月10日，玛丽和贝克勒尔同时获得了诺贝尔物理学奖。她也是第一位获此至高荣誉的女科学家，但她连一句激动的话也没说。真正使她在意的，是她得到了同行的认可和尊重，而且还得到了一笔奖金——这些才是真正的奖励。成为名人，不是她想要的，因为她讨厌那些奢华的宴会、陌生人的贺信、无数人的签名要求、无所不在的摄影师和记者。她在日记中写道："我真想逃离这个疯狂的世界，独自静一静。"

那些奖金她用得其所，体现了她高尚的品质和高洁的情操——她将一部分钱作为家庭开支存入银行，用以支付雇来在实验室帮忙的人的工资，而皮埃尔也可以辞掉理工学院的工作，专心在实验室进行科研工作；她给姐夫凯西米尔在波兰建立的疗养院捐了一大批物资，同时，给皮埃尔的哥哥和自己的姐姐们也送了很多礼物；她给科学协会捐款；她还帮助了很多穷困的波兰学生、她在实验室的助手，以及一个急需用钱的赛夫勒女孩；帮助住在波兰、曾是玛丽老师的一位法国老人实现重游祖国的愿望：她给老师写信并寄去路费，邀请老师住在自己家里。美好的愿望即将达成，老妇人泣不成声。最后，玛丽也给自己送了一份礼物——给位于凯勒曼大道的家里修了一间新式浴室，更换了卧室的墙纸。

可是，总有些蠢人，他们不去筹集建造实验室的钱，让居里夫妇更彻底地研究镭元素，而是总从大街上跳出来，追着玛丽进行采访，浪费她宝贵的时间，而玛丽呢，为了早点回家，只能一路躲避着他们。他们在报纸上报道居里夫妇的日常生活细节，甚至连伊蕾娜咿咿呀呀地跟保姆说的话、家里养的猫的颜色都报道了，而这些是他们根本不想公开的！玛丽简直无法忍受了，她大叫道："他们扰乱了我们正常的工作，我们的生活都被荣誉毁掉了！”她说的毫不夸张。她生来就不善言谈，所以才不知如何应对那帮烦人的记者。有次，居里夫妇跟法国总统卢贝先生共进晚餐，有位女士走到玛丽身边，问可否将她引荐给希腊国王。“我看没有这个必要。”玛丽温和地说道，然后回头看向这位女士，细看之下，才发现她居然是卢贝夫人！玛丽顿时大窘，张口结舌地说道：“当……当然可以，您提的要求，我当然会接受。”

很多人以面见国王为幸，但玛丽对此并不感兴趣。她真的太累了。但她很年轻，她还有许多事要做，目前的她，只想度过一个快乐的假期，只想享受幸福自由的日子，只想做一个普普通通的母亲和妻子。她希望伊蕾娜的百日咳能尽快痊愈，不要一拖就是几个月，也希望皮埃尔的病情能快点好转。自从十几岁时在波兰跳过舞后，这二十年来她一心忙于工作，从未像现在这般如此渴望休息，她想暂时忘掉自己名满天下的身份，想再次变成以前那个纯真可爱、无忧无虑的玛丽，吃很多很多的草莓，然后睡觉、跳舞，什么也不用想，什么也不用做。

但皮埃尔却脱不开身，他总是忙得不可开交。他不赞成玛丽提出的去度假的建议，觉得这太孩子气了，搞科学研究的人不该如此。他对玛丽说，他们应该专心工作。她对他总是言听计从，这次也不例外。但她真的累极了，累得甚至不想抚养他们的第二个孩子伊芙。“可怜的小家伙，”玛丽抱着她，“世事如此艰难，你要勇敢地面对。”工作让玛丽失去了生活中本该有的快乐，甚至让她忘记了儿时的乐趣，这何其残忍。

但伊芙的出生让玛丽重拾生活的信心，她被浇灭的心又一点一点地燃了起来，因为她喜欢刚出生的婴儿，跟他们在一起，她感到很愉悦。玛丽休了一个月产假，以便更好地照顾刚出生的孩子。伊芙有一头黑发和漂亮的蓝眼睛，她与姐姐伊蕾娜不一样，伊蕾娜长着一头金发和淡褐色的眼睛。只要一放在摇篮里，伊芙就开始哭闹不止，玛丽没办法，只能抱着她在房里来回走动，哄着她，一直到她睡着。

伊芙出生之前，巴黎大学给了玛丽一种难得的优待——允许她在皮埃尔的实验室里工作。其实她一直都在那里工作，只不过巴黎大学好像是突然间才发现了这一点，任命她为年薪 96 英镑的物理试验室主任，接受皮埃尔领导。大家都知道居里夫妇一直都在一起工作，而巴黎大学做的这个决定，说明他们认可了这个说法。居里夫妇就像是一个整体似的，他们分享着彼此的时间、想法和工作。

1905 年 6 月，皮埃尔和玛丽来到了瑞典首都斯德哥尔摩。皮埃尔应邀以他们两人的名义做了一次关于诺贝尔奖的演讲。瑞典遍布河流湖泊，他们喜欢这里宁静清幽的环境，没有拥挤的广阔空间，同时，这里没有繁缛的礼节，这些，都让他们对这里流连忘返。

有时，玛丽也会与陌生人交朋友。有位叫洛伊·福勒的美国芭蕾舞演员给玛丽写信，询问如何才能通过镭，让她的舞蹈服上的蝴蝶翅膀发光。而她自己呢，本就善于使用奇特的灯光，以使舞姿更加优美迷人。她的奇思异想让皮埃尔和玛丽大笑不已，但仍然礼貌地给她回了信，解释了她的想法不能实现的原因。洛伊很快就回了信，为了感谢他们能回复她，她决定去拜访他们，给他们表演一段舞蹈。虽然这种感谢方式有点特别，但居里夫妇还是愉快地答应了。到了约定表演的那天，一个蓝眼睛姑娘带着几个电气工，敲响了居里夫妇家的大门。那些电气工忙了一整天，暮晚时分，居里夫妇家的客厅流光溢彩，光与影相互交织，宛如天上人间。洛伊翩翩起舞，她一会儿像一团火焰，一会儿像一朵明艳的鲜花，时而如轻盈的飞鸟，时而又如神秘的女巫。

身材小巧玲珑的洛伊与居里夫妇成了朋友，她把他们介绍给了自己的朋友——伟大的雕塑家罗丹。在罗丹的工作室里，两位科学家、一位雕塑家和一个舞蹈家大有相见恨晚之意，总是聊到很晚才分开。

时间到了1906年4月，这时的法国，正是紫罗兰花开之时，香气馥郁，漫山遍野的花朵让谢夫乐斯山谷变成了花的海洋。皮埃尔和玛丽带着伊蕾娜、伊芙来这里度假。每到晚上，他们总会去农场里面取来新鲜的牛奶。而伊芙这个小家伙呢，总是喜欢沿着已经干涸的车辙走路，那时她走起路来还不稳当，所以总惹得一家人笑个不停。每天早上，皮埃尔和玛丽总会骑上自行车去林子里采花，为了重温那些甜蜜的日子，他们又回到了度蜜月时的那个池塘边。但遗憾的是，池塘里的水已经干了，那些睡莲也不见了，但池塘边上，却长了一圈开着黄花的芦苇，像是一顶高贵明艳的皇冠。皮埃尔和玛丽有些伤感地离开了这里，在返回的路上，他们又采了一些紫罗兰和长春花。

在一个阳光和煦的下午，皮埃尔和玛丽躺在草地上，享受着这难得的时光，而伊芙则用绿色的网罩追着蝴蝶跑，玩得不亦乐乎。

皮埃尔看着玛丽，情意款款地说道："玛丽，跟你在一起真好。"

吃过晚饭后，皮埃尔就先搭乘火车回到了巴黎，随身带着从池塘边上采到的毛茛花。而玛丽和孩子们是第二天才回的家。巴黎的四月，天气变化多端，此时，阴雨绵绵，冷风萧萧。

1906 年 4 月 19 日，是玛丽和孩子们回到家后的第二天。因为下着雨，天空中黑云笼罩，街道上湿滑难行。皮埃尔要出去一趟，而玛丽呢，度假回来后，她必须把屋子收拾整理一下了，同时还有许多事情等着她处理。忙了一天的她，终于在晚上六点回到家里。想着晚上又能跟皮埃尔一起进行科学研究了，她渴望能第一时间见到他。

当玛丽走进客厅时，突然有三个男人从沙发上站起来，态度谦卑而恭敬，好像她是他们的女王。她从他们眼中，读到了一种深深的遗憾和悲戚。玛丽以前的老师保罗·阿佩尔告诉她，皮埃尔不小心在街上滑倒后，被一辆拉着很多货物的马车从头部碾了过去。

"皮埃尔死了？……他死了？……真的死了？"玛丽喃喃自语。

　　伊芙长大成人后，在母亲的传记里，她写道：在母亲说出"皮埃尔死了"这几个字后，她的周身就被一种难言的孤寂和悲情永远地包围了。从四月的那天起，直至逝世，她一直都生活在孤独落寞中。

第十五章　无论发生何事

　　玛丽生来就有非凡的勇气，不管一生经历了多少磨难，她都不曾失去这种勇气，而且，经历的越多，她的内心越坚强。她一生都深爱着皮埃尔，爱着自己这位伟大的丈夫，他在生前，曾经给她留过一句话，此时，在被命运无情折磨之时，她想起了他的话——无论何时何地，无论发生何事，即使一个人失去了自己的灵魂，只剩躯壳，也要完成未竟的事业。玛丽延续着皮埃尔的希望，她没有停止工作。她谢绝了政府发给她的抚恤金，她说自己还年轻，有能力养活自己和孩子们。

　　她常常自我安慰，这种方法有点特殊，那就是用写日记的方式和皮埃尔聊天：

我深爱的皮埃尔，他们让我接替你的职位，继续讲授你的课程，并继续领导你实验室的各种工作，我接受了。我不知道这样做是对是错。你以前总是提出让我去索尔本大学授课，而现在，我只想继续完成你未完成的工作。有时候，我觉得这是我继续活下去的动力；而有时候，我又觉得这么做太傻了。

1906 年 5 月 7 日

亲爱的皮埃尔，我时刻都在想着你，脑海中都是你，你的音容笑貌时常在我眼前萦绕。我不知道，为什么你走了，而我还要活下去，还要忍受不能跟你一起说笑的痛苦？这几天，花草都变得越发生机盎然，花园也被装点得格外漂亮。你看见了吗？今天早上，孩子们都在花园里玩呢，你看，她们现在多可爱。我知道，如果你还活着，肯定会叫上我，然后对我说：你看，那些长春花和水仙花都开了……

5 月 14 日

你还不知道，他们让我接替了你在索尔本大学物理教授的职位，但没想到，竟然还有些笨蛋因此而祝贺我。

玛丽即使对那些祝贺她的笨蛋心生怒意，但也没有跟他们过多计较。

在索尔本大学校史上，从未有任何一位女性获得过教席教授的荣誉，也就是说，从来没有女性担任过某个学科的负责人。然而，那时的法国，没有哪个男科学家能胜任皮埃尔的工作，重任自然就落到了玛丽身上，她知识渊博，才华横溢，这个工作非她莫属。她想，她一定要达到皮埃尔讲课的水平，她把孩子们都送到了乡下，整个暑假，她都留在学校里，一边研读皮埃尔的笔记和教案，一边认真备课。

玛丽想重新找个住处，她决定搬到索镇去，皮埃尔长眠的地方。但孩子们的祖父见她搬到一所小房子里，就担心她不想跟他一块生活，却又不知如何探知她的想法。玛丽也担心，他会不会因为儿子已经离世，而不愿跟她这个儿媳妇一起生活？有天，老人家终于忍不住问玛丽："皮埃尔不在了，玛丽，你没有理由和一个老头儿生活一起，我可以搬到大儿子那里去住。你决定吧。"

"不，还是您自己决定吧。"玛丽轻声回答，"如果您搬走了，我心里会难受的。但您愿意去哪里，我都尊重您的决定。"

"玛丽，我想永远跟你们生活在一起。"

玛丽要去学校上课了。在家里，每个人都会时时安慰她，试图让她忘记悲伤；在外面，她虽是寡妇，却头顶耀眼的光环。她知道，新闻媒体正在劝索尔本大学不应墨守成规，应该允许玛丽在大阶梯教室里讲课，以便更多的人能听到居里夫人的讲座。但索尔本大学的保守程度在世界上都是出了名的，要让它做出改变，谈何容易？她已经听到一些议论，那些想去听她演讲的人关心的是，她会讲些什么内容，她会如何感谢校方，她会如何评价自己的丈夫。这是索尔本大学一贯的作风——继任者要对前任做出赞扬和评价。当演讲那天来临时，所有的人都竖起了耳朵，他们都在等着玛丽会说出什么感激的话，或许，也在等着她出丑。小阶梯教室里人满为患，人们和那些认真听讲的学生挤成一团，甚至把学生们都挤得坐到了地上。

玛丽在如潮水般的掌声中走进教室。掌声一停，她就开始讲起了她的高级物理课——从皮埃尔上次讲到的地方接着讲下去："当我们回顾近十年来物理学的发展，我们不得不承认，我们对电子和物质的看法发生了极大的改变……"

听众们很惊讶，但他们惊讶的不是在电子和物质上的观念的改变，而是其他一些改变。他们本想来看一场作秀，但最后才发现，他们看到的是一个一切以工作为重、毫不在意个人荣辱和得失的人，她伟大的精神深深地感染了他们，让他们热泪盈眶。后来，玛丽又系统地讲解了电结构、原子分裂、放射物质的新学说。结束讲课后，玛丽像走进教室时那样，轻快地离开了。

相比之下，玛丽现在的工作比以前更忙碌了——她要教育好两个女儿；负责实验室的工作；完成索尔本大学的教学工作；照料好家里；修剪花园里的花草。最主要的是，她还要完成一件特殊的事情。她想要设法为皮埃尔建造一间设备齐全的实验室，这也是他长久以来的梦想。玛丽想以此来纪念她伟大的丈夫。

在索镇的新房子里，伊蕾娜和伊芙跟长着蓝眼睛的祖父一起玩耍。伊蕾娜跟祖父学习自然学、植物学、诗歌，她还在花园里的一块空地上种了一些花。而伊芙则跟可爱的小乌龟、调皮可爱的黑猫或虎斑猫玩在了一起。

玛丽呢，每天一大早都匆匆地赶去车站，坐上开往巴黎市区的火车，晚上才能回到家。所以，她每天和孩子们相处的时间不多，但却会把孩子们的生活和学习安排得井井有条。伊蕾娜喜欢美术，而伊芙喜欢音乐。每天早上起来，她都会让孩子们晨读一小时。不管刮风下雨，她都要求孩子们在学习后坚持散步、做体操，孩子们对此很喜欢。除此外，他们还要学习烹饪、雕塑、缝纫和园艺技术。每逢周末或其他假期，玛丽还会骑自行车带她们去郊游或游泳。她所做的一切，只为让她们变得更加坚强，变得无所畏惧，她希望她们勇于面对黑暗和一切意外的事，不要畏惧爬山、骑车、动物或其他任何事情。她们应该成为勇敢的真正的法国人。玛丽教她们学习波兰语，但不希望她们承受跟她一样的苦痛——身在法国却心系波兰的矛盾心理，更不愿她们为波兰的沦落而无助地悲戚。只有一件事，她没有刻意教她们，那就是待客之道，以及如何在聚会上吸引大家的目光。

玛丽希望孩子们能快乐轻松地度过她们的童年时光，但法国的学校学习时间都很长，在学校学习六个小时后，回到家还要做三个小时的作业。玛丽对此很不满意，在和学校的同事们商量后，他们决定把他们的孩子们集中起来，亲自教他们学习。这个主意太好了。这些孩子们每天只需要上一节课，而且是由巴黎最有名望的专家们上课。第一天上午，在索尔本大学的实验室里，由让·佩韩教授给孩子们化学课；第二天，保罗·郎之万教孩子们数学；第三天，孩子们又跟马格鲁学习雕塑；第四天，现代语言文学教授又给他们来讲课；而到了周四下午的物理课，那就该玛丽出场了。这群小家伙真是太幸运了！

在如此著名的大学里，从未有老师教过如此简单的知识，比如：将自行车轴承里的滚珠抛向倾斜的物体上，然后观察滚珠下落时的抛物线，有时，玛丽也会问他们一些问题："如何保持容器里溶液的温度？"

"把它用羊毛抱起来。"一个小孩回答道。

"把它单独保存。"另一个小孩说道。

"我想，"玛丽笑着说道，"应该先用盖子盖上它。"

遗憾的是，这些孩子们的父母为了能有更多的收入而不得不忙于工作，无奈之下，只能停课了。伊蕾娜和伊芙就被玛丽送到了一个学习时间较少的学校。长大后，回想起这段时间的经历时，她们觉得从中学到了很多东西，比如：热爱工作和学习、看淡金钱、学会独立，正因如此，在面对任何困难时，她们都坚信自己能披荆斩棘，勇往直前。

在取得更多新的成就之后，玛丽对镭的研究又取得了重大突破。以前，她只能提炼出铀盐，而有次在与安德烈·德拜耳尼的合作下，他们成功地制造出了金属镭。但只此一次，此后，包括他们在内，再无人取得成功。

1911 年，玛丽又获得了诺贝尔化学奖。她成为唯一一个两次获得诺贝尔奖的科学家。

世人或许会认为，人们都应该为这位声名赫赫的女科学家感到骄傲，更应该因为她遭受的不幸，给予她最真切的安慰。然而，总有些人会嫉妒别人漂亮的外表或是取得的成功，做出一些令人义愤填膺的事。而玛丽既长相出色，又功成名就，所以，就有人通过匿名信对她进行诋毁、造谣、污蔑，言之凿凿地称她做过一些见不得人的事，这纯属子虚乌有。朋友们设法保护她，但想揪出隐藏在黑暗中的"老鼠"，又谈何容易，因此，朋友们提议，让科学院推举她为院士，给她一个公开的、应得的荣誉，这也是保护她的最好办法。可要顺利达成此事，仍要面临不少阻力，首先是科学院院士还从未有女性获此殊荣；其次是那些造谣的人，他们为了阻止她当选院士，无所不用其极。他们甚至卑劣地将一张假选票塞到一位双目失明的院士手里，而他正是玛丽的朋友，如此，给大家造成一种连朋友也反对她的假象。最后，玛丽恰恰因为这一票而落选，这也成了科学院永远也抹不去的耻辱。

深陷谣言中心的玛丽，难过不已。曾经有一段时间，她不得不借用姐姐的名字，避开那些居心叵测的小人。她的光芒如明日一般照耀四方，她的内心如雪山一般坦荡明净，但躲在阴暗角落里的敌人，猖獗地运用一切卑鄙的手段，毫不留情地将玛丽打倒，最终，她倒在了病床上。更可怕的是，她不仅肉体上被打倒，精神上也饱受折磨，所幸，她的勇气还没有完全丧失。她的病异常严重，医生建议做手术，这样才能使她免受痛苦。但她提出，参加完下届物理会议后再进行手术。她依然敢于面对一切！

玛丽生病期间，憔悴不堪，精神也不好，但她仍然需要在一件事上做出决定：波兰政府决定在华沙筹建一个放射学实验室，请她去领导。她心情澎湃，多想接受邀请啊！她知道，如今越来越衰微的祖国是多么需要她，需要她做一些特别的事，来唤醒波兰人民的自信心。

可是，玛丽在多年前就做出了决定，她虽然深爱祖国，但更爱皮埃尔，而且，从未改变。这两种爱，让她心里矛盾异常，不知如何决断。假如她选择波兰，那就必须放弃为皮埃尔建立实验室的计划，因为她若离开法国，那皮埃尔生前的愿望将无法实现。思索再三后，她痛苦地拒绝了波兰的邀请。

波兰政府仍然心存希望，还在积极劝说她，说她即使身在远方，也可以领导这个新实验室的工作，并邀请她去参加实验室的落成典礼。在访问波兰期间，发生了很多让她难以忘怀的事。首先，她用波兰语做了一场关于科学的演讲，这还是她生平第一次用母语进行科学演讲；其次，她出席了工农业博物馆举行的一次典礼，这是她第一次做实验的地方；第三，在波兰女性专为她举办的晚宴上，她与上小学时的老校长重逢了。玛丽激动地穿过人群，急切地走到老太太眼前，吻了她的双颊。一想到昔日的"小姑娘"已经成了闻名天下的大科学家，老太太高兴地不知如何是好。

玛丽终于又迎来了一个假期。她收拾行囊，带上必需品，打算跟伊蕾娜、伊芙一起去瑞士徒步旅行，教她们如何爬上高山、行走冰原。

与母女三人同行的，还有一位朋友。他和玛丽一路都在谈论着物理学，以至于他从未将注意力放在脚下，孩子们想提醒他，却又插不进话，只能紧张地看着他向前迈动的脚步，反倒忘了自己的安全。但当两个小机灵鬼被他讲的那些有趣的、古怪的事逗得咯咯大笑时，就没有人留意脚下的冰川裂缝了。

伊蕾娜和伊芙听到他说："夫人，我想知道，当电梯处于真空中，它在下降时，里面的乘客会怎样呢？"两个小朋友做了个鬼脸，这个问题可真逗，因为连她们都能回答。但她们没有想到，这个问题可与伟大的"相对论"息息相关！而这位只顾说话、从不留意脚下的朋友，正是一代伟人——爱因斯坦。

玛丽逐渐从悲伤的情绪中走了出来，因为，皮埃尔·居里路上的皮埃尔镭学研究院已经开始动工了。早在两年前，巴斯特研究院院长就开始集资，准备为玛丽修建一所实验室。这个提议使得索尔本大学感到了危机：巴斯特研究院想从他们学校挖走玛丽。为了防止此事发生，他们与巴斯特研究院达成共识，共同出资为玛丽修建新实验室。

玛丽很是兴奋，也参与到了建造工作中，和建筑师讨论每个房间的格局以及窗户的式样。她坚持要大窗户，这样室内就有充足的光线。她还坚持在大楼前修建一座花园，并亲手在预定的位置种上一些树和玫瑰花。这样，在这座大楼正式竣工时，就会看到满园生机勃勃的景象了。

1914 年 7 月，研究院顺利完工，她看到大门旁的石壁上刻着几个大字：镭研究院·居里楼。

此时此刻，巴斯德的话，犹如一阵轻风，飘到了她的耳边：

如果你真的关心那些让人类进步的发明和发现……如果你真的热爱你的国家，并且希望她在创造奇迹的过程中发挥出应有的作用，我恳请你对这群建筑——实验室——予以强烈的关注。请务必修建更多的实验室，并能很好地装饰它。它们是人类的前途、财富和福利的源泉，有了它，人类才得以成长、发展和壮大。在那里，人类学习各种科学知识，宇宙苍生才能平和发展，因为人类本性都是野蛮和极具破坏性的。

实验大楼落成后，却不能第一时间使用，战争爆发了。她必须等战争结束，才能正式开展工作，才能真正完成皮埃尔未了的心愿。谁知道，她这一等，就是四年。

第十六章　战争

1914 年 8 月 1 日

亲爱的伊蕾娜和伊芙：

现在的局势越来越糟，我们随时都在等待着动员令，不知道我是否能安然离开这里。你们一定不要慌乱，要勇于面对这一切。如果战争①没有爆发，周一时我会赶过去和你们会合；如果战争爆发，我就待在这里，然后伺机接你们回家。我亲爱的女儿，我们必须为国家贡献所有，去赢得这场战争。

---

① 即第一次世界大战（1914 年 7 月 28 日—1918 年 11 月 11 日），简称一战，主战场在欧洲，但后来发展为波及全世界的世界大战，当时共有 30 多个国家、15 亿人口被卷入了战争。

8月2日

动员令已经下达。德国对法国不宣而战，已经入侵了法国。所以，一段时间内，我们可能会不得不中断联络。

看似平静的巴黎，却被男人们上前线离开家门时的悲伤所笼罩。

8月6日

虽然只是小国，但比利时表现出了大无畏的精神，他们与德军浴血奋战，尽管双方实力悬殊，但法国人民都希望他们能击败不可一世的德国人。

波兰已经被德军占领了。此时的波兰，还能剩下什么呢？现在，我对家人的情况也是一无所知。

此时孩子们正在布列塔尼度假，这些信全是玛丽给她们写的。

身在巴黎的玛丽每天都在孤独中度过。她所有的同事都上前线打仗去了，只有一位机械师除外，他因为心脏病未能参战。玛丽病倒了，身体脆弱不堪，但她对此并不在意，也没有因为战乱给她的科研工作带来的灾难而失去信心，更没有像大多数法国妇女一样去做护士，而是积极地思考着，哪里有适合自己的工作。战地医院和后方医院几乎都没有引进 X 光检查设备，这种神奇的设备可以让医生透过伤员的皮肤，看到伤口深处的子弹或是弹片。玛丽的工作从未涉及 X 光，但她对此极为关注，曾经也讲过几节与此相关的课。所以，她必须尽快建立一座 X 光检查站，这对她来说不难。她快速列出了一份在巴黎都能找到的设备的详单，然后再把这些设备分配给各个医院。随后，她又把会使用或愿意使用 X 光设备的科学家们召集到一起，并把他们分派到这些医院。在她的安排下，巴黎的医院得到了很大的支援。

当成千上万的伤员被救护车从前线运到各个战地医院后，玛丽有些发愁，因为这些医院暂时还没有 X 光检查设备，要如何救治他们呢？时间就是生命，玛丽第一时间寻求法国妇女协会的帮助，用该会筹集来的钱制造了一辆"X 光汽车"。这是一辆普通的汽车，用车载发动机带动发电机，给 X 光检查设备供电，这样，这个设备就能正常工作了。这辆流动的"X 光汽车"辗转于马恩省各医院间，尽管炮火让该地变得面目全非，但它还是那么旖旎多姿，令人迷恋。这辆车成了伤员们的救星，他们能迅速得到检查，随之被推进手术室。如果没有这辆车，他们是否能活下去就说不清楚了。

马恩战役①打响之前，德军已攻至距离巴黎只有几里的地方，他们会打过马恩河吗？会一直打到巴黎吗？一想到这些，玛丽就惊慌不已，孩子们现在还在布列塔尼，她要去那里吗？还是跟着医疗队一起撤出巴黎？玛丽很快就做出了决定——不！不论往后是什么情况，她都要留在巴黎！她心想："如果她留下看守镭研究院，德国

---

① 马恩战役（1914 年 9 月 5 日至 12 日）：即马恩河会战，是发生于西部战线上的一次战役。此役中，英法联军合力打败了德军。

145

人或许不会打它的主意；若是自己离开了，德国人定会将实验室里的一切全都掠走。”内心固执勇敢的玛丽，对一切逃跑的行为都深恶痛绝。她知道，怯懦会让敌人变得越发肆无忌惮，无论如何，她决不能让敌人踏入这座被遗弃的大楼！如果她选择留下，那就要将她那宝贵的一克镭转移到一个安全的地方，但孤独无助的她，又如何能完成这件重要的事？

玛丽穿上黑色羊呢防尘大衣，预备了一些晚上的必需品，然后带上装着那一克镭的铁皮盒子，坐上了开往波尔多①的火车。车厢里到处都是人，她勉强挤在了一张木凳上，脚边放着那个铁皮盒子。玛丽望向窗外，九月的阳光下，是一望无际的原野和公路上一路向西逃去的各种车辆。

到达遥远的位于西海岸的波尔多后，玛丽在月台上一等就是几个小时，脚边仍是那个铁皮盒子。对一个女人来说，它实在是太重了，可它价值连城，她必须守着它。在这里，找不到搬运工，打不到车，也没有旅馆，玛丽苦涩地想着，自己不会要在这里站一个晚上吧？还好，她足够幸运，有一位过路人热情地带她找到一个住所，并帮她把镭安全地存进一家银行里。

第二天早上，她返回了巴黎。前一晚，她还跟在那些逃难的人群中，没有人留意她，但隔天早上，她就成了众人眼中的怪人——因为她要回到巴黎。人们惊讶地围着她，想看看这个不要命的人到

---

① 波尔多：法国西南部重要的工商业城市。

底长什么样。但她却很高兴地告诉大家，巴黎没有被占领，那里的人们也没有危险。玛丽坐上了火车，谁知这是一辆装满了士兵的军列，它一路慢慢悠悠、停停走走，就像蜗牛一样向巴黎爬去。从头天晚上起，玛丽就没吃过任何东西，这会饿得肚子都叫了起来。好在她又遇到一个好人，有个热心肠的士兵从自己包里拿出一块面包递给她，她连声道谢。当她抵达处于敌人炮火覆盖下的巴黎后，她得到了一个令人振奋的好消息：德军被阻击于马恩河一带。

玛丽一秒也没有休息，就立刻赶到国家救援中心总部，询问他们接下来自己能做什么。

"你先休息一会吧，夫人。"部长阿佩尔深为感动地说，"快躺下吧！"她照做了，但片刻之后又开始讨论起她接下来要忙的事。"她虽然面容憔悴，双眼很大充满疲惫，"阿佩尔后来说道，"但她却像一团火焰般热烈。"

后来，越来越多的"小居里"——法国士兵给"X光汽车"起的亲切的绰号——被制造出来，而玛丽就成了他们心中的"X光汽车"的母亲，除过这些"孩子"外，她还有两个正在布列塔尼度假的孩子。很快，各地都有了这种流动汽车，伤员被运离前线后，就能在第一时间得到诊治。玛丽费尽九牛二虎之力，从那些一毛不拔的政府官员手上得到了她所需要的一切设备，然后在实验室里组装了一辆又一辆"X光汽车"。为了使这些"小居里"顺利投入使用，生性羞怯的玛丽变得无所畏惧：她从这个人那里拿到通行证，从另外一个人那里得到通行口令，又从别的人那里得到签证，此外，她还从有钱人那里拿到一笔钱款，从好心人那里借来汽车。"我一定会还给你们的，"她说，"战争结束后，如果这些东西还能使用的话，我肯定会还你们，请相信我。"

玛丽给自己留了一辆雷诺车，它看起来就像货车一样大。按照战时规定，她把车身涂成灰色，并在上面喷上一个大大的红色的十字架。就这样，她开始了冒险生活。

家里的电话铃声急促地响了起来，玛丽被告知有一大批伤员将要进行 X 光检查。放下话筒，她匆匆跑到车前，仔细检查了车上的一切设备。当司机给汽车加油时，她匆忙穿上她那件黑色的外套，戴上红十字袖章和那顶已褪色的帽子，挎上那个已被太阳晒得裂开细纹的黄色旧皮包，然后钻进车，坐在副驾驶座上。接下来的时间里，不论白昼或是黑夜，也不管刮风或是下雨，这辆破旧的老爷车都在全速向前开去，他们的目的地是战斗最为惨烈的亚眠①、伊普雷②和凡尔登③。

途中，他们几次被哨兵拦住盘问，但各种手续一应俱全，他们顺利地抵达了战区医院。玛丽选好一间屋子作为 X 光室，然后让人把所需的设备全都搬了进去，并迅速连接好。与此同时，其他人也将电缆的两头分别连接在车上的发动机和 X 光机上。这时，伺机发动汽车，带动发电机，玛丽开始调节 X 光机的电流强度。然后，她

①　亚眠：法国北部城市，是法国北部重要的工商业中心之一。
②　伊普雷：是比利时佛兰德省一座古老的小城。
③　凡尔登：法国东北部城市。

把防护手套、眼镜、特制的铅笔、确定子弹或弹片位置的铅丝放于手边。接着，将房间布置成一间暗室——有窗帘最好，没有就用床单代替。同时，准备好一件专门用于冲洗 X 光片的房间。

至此，在玛丽到达医院的半个小时内，包括外科医生在内，一切都已准备停当。这时，躺在担架上的伤员被一个接一个地抬进来。玛丽不断调整仪器，以便能对受伤部位进行清晰的成像，而外科医生则负责找出伤员身上的子弹或弹片。

有时，助手会按照医生的口述记下弹片的位置，为后面的手术提供参考。有时，医生也会在透视时直接做手术。他们将手术钳从伤口处伸进去，绕开骨骼和肌肉，然后小心翼翼地夹出弹片。

只要还有伤员，玛丽在 X 光室一工作就是几个小时，有时甚至是几天。离开这家医院之前，她就计划好了要在这里装上固定的 X 光机。几天后，玛丽又回到了这家医院，同时，她还带回一套新设备，还有一个 X 光机操作员。大家惊讶又激动地看着她，谁也不知道她是如何办到的。

就这样，玛丽奔走于各个医院间，为它们建置了 200 多间 X 光室，再加上她组装的 20 多辆 "X 光汽车"，总共医治的伤员多达百万！对一个女人来说，这实在是太伟大了！

但不要以为玛丽总是坐在司机旁边，什么也不用想，什么也不用做，有时，她也要亲自开车。汽车在被炮火炸得深一坑浅一坑的、布满碎片的路上行驶，难免会被扎破车胎，如果一路安稳，那就太幸运了。她曾在多少个凄风苦雨的夜里，用她瘦小的、被镭烧伤的双手换轮胎。有时，在她清洗并不熟悉的汽化器上的油污时，她会微微皱起眉头。有时，她当身边没有帮她的人时，她还要搬运一些重物。

有次，司机在拐弯时车速过快，车翻到了路边的沟里，玛丽被车上的仪器严严实实地埋了起来。这让她心里非常恼怒，并非因为翻车，而是担心那些仪器被毁。可是，当她听到那个年轻的司机绕着汽车跑来跑去，急切地叫道"夫人，你还好吗？你还活着吗"的时候，她又扑哧一声笑了出来。

玛丽总是忙得不可开交，以至于经常忘了吃饭。实在累了的时候，她就随便找个地方睡一会——有床就睡床，没有就睡在露天的地上。年少时，她就习惯了艰苦的生活，现在她也能自然而然地让自己成为这场伟大战争中的一名战士。

但玛丽除过履行士兵的职责外，还要负责其他很多工作：有空时，她要把旧实验室里的仪器包好，等送到居里楼后，再拆除包装，重新装备"科学之家"；她抽空去了一趟波尔多，从银行的保险柜里取出那一克镭，然后每周都会从中提取一点放射物，装进试管里，送与各个医院使用。

伤员越来越多，X 光机的工作量也越来越大，现有的 X 光机操作人员明显不够，玛丽就在居里楼里办起了一个培训班，教一些人如何使用 X 光机。有些人反应迟钝，头脑不灵活，但在玛丽耐心细致的讲解和示范下，他们最终也能熟练地操作 X 光机了。在培训期间，伊蕾娜帮了母亲很多忙。她在索尔本大学就学过放射学。尽管

科学的探讨与研究，其本身就含有至美，其本身给人的愉快就是报酬；所以我在我的工作里面寻得了快乐。

——【法】居里夫人

她只有 17 岁，但身为母亲的玛丽，并没有因为她年龄还小，就不让她在战地医院工作。

两年的时间里，玛丽共培训出了 150 名 X 光机操作员。

玛丽已经做的够多了，也太累了，但她还是闲不下来，又走访了很多比利时的医院，为他们提供帮助。她首次来到那些医院时，在那些打扮得花枝招展的护士眼中，这个衣着破旧的女人，就像个穷酸的清洁工一样，屡屡招致她们的白眼。但玛丽丝毫不在意她们的眼光，因为能和一个谦卑和善的士兵、一位热情大方的护士一起工作，她感到无比欣慰和愉快，而他们正是比利时的阿尔伯特国王和伊丽莎白王后。玛丽一改往日冷僻的个性，对伤员亲切有加，温和地鼓励他们好好养伤。有时遇到一些大字不识几个的农民士兵时，她会向他们解释这个"奇怪的东西"是什么，他们不会因此受到伤害，让他们放心地接受检查。每每此时，玛丽的心情都会莫名地好起来。

她几乎没有谈论过自己的一切，即使再苦再累，她也从未抱怨过，也从不害怕危险，即使炮弹就落在她附近。她每天倾尽全力地工作，对她来说，这似乎都是再正常不过的事。但她对和平的渴望从未改变，希望这场残忍的战争赶紧结束！1918 年 11 月 11 日，对所有幸存下来的人来说，是个令人欢欣鼓舞的日子！她在实验室里听到停战的消息后，立即和助手玛勒·柯兰冲出实验室去买法国国旗。但偌大一个巴黎，居然买不到一面国旗，因为都卖光了！无奈之下，她们只好找来蓝、白、红三块布料，按照国旗上三种颜色的比例，裁剪后缝制了一面国旗，挂在研究院楼顶上。然后，她跳上那辆雷诺车，加入到狂欢的人群中。十几个参加游行的人爬上了雷诺车的挡泥板和车顶，而处于激动和疯狂中的玛丽，就像没看见一样毫不在意。

玛丽没有想到，令人惊喜的消息会接连而至。不仅是法国，还有她心心念念的波兰，都得到了解放，从苦难中重新站了起来！波兰最终取得了民族独立和自由。她给哥哥在信中写道：

我们这些"在奴役中出生，在枷锁中长大"的人，终于等到了祖国获得新生的这一天。

第十七章　在家里

　　玛丽又回到了位于塞纳河码头边的老式公寓里。塞纳河从巴黎的市中心穿流而过，河上有两座小岛：一个叫西岱岛，是巴黎最古老的街区，形状就像一条小船，岛上有许多历史悠久的古建筑；另一个岛叫圣路易岛，比西岱岛更为古老，也更幽静。

　　玛丽住在圣路易岛的白杜纳码头。两个世纪前，白杜纳街上住的都是有钱的贵族。而玛丽住的地方很是荒凉，房屋四周草木丛生，屋顶缠满了藤蔓，屋子里有许多走廊和楼梯。住在这个宽敞的没有几件家具的家里，更显得空空荡荡。玛丽从来没想过怎样才能成为富人，让自己更舒适地住在这里，过上富足安稳的生活。屈指可数的几件红木家具被随意放在光滑的地板上。没有壁炉，也没有其他取暖设施，玛丽和伊蕾娜被冻得手脚发麻。而伊芙则拿出自己的小金库，想把自己的房间布置得典雅温馨。玛丽呢，也亲自设计了自己的书房。房间里有个简单的书架，墙上挂着皮埃尔的大幅照片，此外，书桌上还放着一瓶花。这个家里所有的窗户都很高大，又没挂窗帘，每个房间的光线都很充足。站在窗前向外看去，是一片醉人的景象：波光粼粼的塞纳河上，一艘艘小船和彩色的大船往来如梭，而远处，是宏伟庄严的巴黎圣母院。

岛上很少有人来，安静清幽，玛丽甚是喜欢。但与这里的环境相比，她家里却喧闹无比：伊芙弹钢琴的声音一响就是半天；淘气的猫在房间里楼道上乱窜的声音也不时传入耳中；门铃声或电话铃声有时会急促地响起；塞纳河上船只也会发出聒噪的汽笛声。但玛丽对这一切并不在意。

每天早上八点，玛丽急促的脚步声就像闹钟一样，准时在家里响起，似乎在提醒伊蕾娜和伊芙：快点起床，要工作了。在往后的16年间，似乎天天如此：早上8点45分，准时响起的鸣笛声告诉玛丽，接她的车已经等在外面了。她连忙抓住帽子和大衣跑向屋外，她从不想让司机等她的时间超过三分钟。刚开始，她让与她顺路的一位同事接送她，后来，她有了一位专职司机，为此，上一任司机还难过得哭了起来。每天，她的车子都要经过图尔内勒桥，再穿过繁忙的码头，进入拉丁区。众所周知，以前，这里住着一群吵闹的学生，他们虽然贫穷，却过得很快乐。而现在，这里都是研究院和各种高大的建筑物。

　　玛丽来到镭研究院大门前。每天早上，大厅里到处都是人，她把这种景象称作"苏维埃①"。在她进入实验室工作之前，她的学生们会围着她，虚心向她请教。他们说，这样就不会占用她的工作时间。他们会向她提出各种各样的问题，有的拿出自己的作业让她过目，有的希望她经过一夜思考后能解答自己提出的难题。玛丽都一一作答。"啊，某某先生，你的办法不可行，我帮你想了一个……"但情况常常是，学生们的问题层出不穷，每个人都有至少一个难题等着玛丽解答，而且提问的人也越来越多。更麻烦的是，学生们用并不熟练的法语或英语提问，以至于她对问题本身的含义都要琢磨一番。这里充满了东西方的各种语言，研究院简直就是巴比伦塔②。玛丽后来谈到她的一位中国学生③："他的英语很流利，他谦逊而有礼貌，即使我错了，他也不会反驳，所以，我就不得不去猜他内心的真实想法。"玛丽说，在这个来自东方的学生面前，她倍感羞愧，"他比我们有修养多了。"

---

　　①　苏维埃：发源于苏联，意即"代表会议"或"会议"。这里指的是来自各地的人。

　　②　巴比伦塔：据《圣经》所述，人类联合建造希望能通往天堂的高塔——巴比伦塔。为阻止此计划，上帝让人类说不同的语言，使人类相互间不能沟通，最终修塔失败。这里喻指学生来自世界各地，民族和语言均不相同。

　　③　这里指的是居里夫人为中国培养的唯一的物理学博士——施士元。1929—1933年，他进入巴黎大学镭研究所，在居里夫人指导下，从事核谱学研究工作。1933年获得巴黎大学博士学位后，他婉言谢绝居里夫人的挽留，回国开辟了核物理学事业。他长期在南京大学物理系任教，培养了大批人才，为我国的尖端科技做出了卓绝的贡献。

学生们蜂拥而至，接连不断地向玛丽提出问题，有时候累了，玛丽就想坐下休息一会。但大厅里没有凳子，她就只好坐在研究院大门前的台阶上。想象一下，玛丽坐在最低的那层台阶上，一群高大的学生围着她听讲，这是一幅多么动人的场景啊！她是镭实验室主任，她读过用五种语言写的关于镭的一切著作，而且还在继续发明新技术。她大胆而谨慎，工作时仿佛周身都充满了神奇的魔力，学生们对她无比信赖。

解答完所有的问题后，学生们一一散开，开始了自己的实验。有时，有的学生会邀请玛丽在他实验过程中给予指点。等一切完毕后，玛丽才有机会回到自己的实验室，开始工作。

中午时，玛丽会步行回家吃午饭。在饭桌上，她和伊蕾娜讨论物理学。伊芙时常听不懂她们在说什么，就好像自己是个局外人。

1926年，伊蕾娜和一位年轻的科学家结婚后，搬了出去，没有人跟伊芙说悄悄话了，母亲就成了她的倾诉对象。

"亲爱的，告诉妈妈，"玛丽问道，"最近有什么新鲜事吗？"伊芙一开口就停不下来了，她爱好广泛，对任何事都充满了兴趣。她说她很享受开车时的乐趣，还说到伊蕾娜的孩子已经学会说话了，还说到人们对信法西斯的看法。

如果听到有人称赞独裁者，玛丽就会激动地说："我在备受压迫和欺凌的制度下生活过，而你们没有，所以，你们理解不了在自由的国家里生活有多么幸福！"如果有人对政府屠杀反抗者的行为表示赞成，她就会说："如果把拉瓦锡①送上断头台有用的话，那我无话可说！"

吃过午饭后，有时，玛丽会坐车去花市买花，然后栽种在花园里，如果有卖野花的，她也会买一些，因为她最不喜欢那些在温室里培育的花；有时，她会去卢森堡公园陪外孙女艾琳娜一起玩沙堆游戏，一直玩到医学院开会的时间才离开。偌大的会议室里，除她外全是清一色的男性。她坐在老朋友罗博士身边，他曾是巴斯德最得意的学生。

会议结束后，玛丽回到实验室开始工作，直至晚饭时分才回家。但也有例外，有时因为实验需要，她会一直工作到凌晨两点。

实验室里的气氛通常都是肃穆的，但也会因为某位学生荣获博士学位而变得热烈起来。在为其庆贺的茶会上，用于实验的玻璃杯和玻璃棒就分别被当作了茶杯、调羹。最后，常常是由玛丽做结束语，向这位新博士表示祝贺。

而在所举办的茶会中，以庆祝伊蕾娜和她的丈夫弗雷德里克·约里奥取得博士学位时最让人印象深刻，也最为欢快。1934年，这对夫妇有了一个伟大发现——人工制造放射性现象，此发现将人类带进了一个新领域。他们用镭自发的射线轰击铝及其他物质，从而生成新的放射性物质，然后，再从这种物质中提取镭。

——————————————

① 拉瓦锡（1743—1794）：法国贵族，著名化学家、生物学家，被后世尊称为"近代化学之父"。1794年5月8日，他在法国大革命中被处死。

这样，极其稀有的镭，就能通过其他物质进行大规模地生产了。这是一个划时代的发现！和镭研究院只隔一个花园的大楼里，医生用"居里治疗法"，通过镭来治疗可怕的癌症，可见，镭是如此重要，但它又如此稀少！

每天，来自世界各地的信件，如同雪片般飞向玛丽，但忙碌如她，哪有时间一一拆读和回复？幸好，有助手帮她处理这些事。多达几千封信中，有问玛丽要签名的无聊的人——一般都会被无视；有些会像傻瓜一样提出问题；还有希望跟她合作的广告公司的恳求信；也有寻求她帮助的……各种各样的都有，而每天需要回复的信件，也就寥寥几封而已。

时间一长，玛丽每天被这些杂七杂八的来信搅得烦乱不已。因为她除过做研究、忙家务以及一些其他事外，还要去学校讲课。每个周一、周三的早上直至下午五点，她都会站在那个小阶梯教室的讲台上，给30多个学生讲课。因为需要长时间站立，所以她总是感到疲劳和紧张。

那几年，玛丽面临失明的危险。医生劝她做手术，要不然两三年后她就会失明。医生或许根本不知道，这对她意味着什么。她热爱工作，不需要别人的同情。不管怎样，在做手术前，她都不想让别人知道她患了眼疾。不得已，伊芙只能用杜撰的名字去医院为她定制了一副眼镜，但仍然看不太清楚。所以，如果她要修改学生的论文，就会让学生带着论文去找她，然后巧妙地向学生提出一些问题，如此，她便知道论文里面都写了什么。她总是巧妙地掩饰自己的不幸，而那些猜出原因的人，则假装什么也不知道。四次手术过后，她的视力有所恢复，但她的眼睛再也不会像以前那样明亮有神了，不过她充满信心，一直坚持眼部训练，她必须回到自己一生挚爱的科研工作上。

让我们再来看看玛丽一天的生活吧。家里只剩她和伊芙，吃过晚饭后，伊芙要出去了，累了一天的玛丽躺在沙发上，看着正在穿衣服的女儿，"我讨厌高跟鞋！伊芙，女人为什么要踩着这么高的鞋跟走路，这简直就像在踩高跷！"

"你这件衣服为什么后背还有开口，这是什么款式？胸前开口勉强还能接受，但却在背后开口，而且留得那么大，真是难以忍受！不过，衣服倒是挺漂亮的，转过来，让我瞧瞧。"玛丽吃惊地看着女儿，又说道："原则上，我不反对你化妆，大多数女人也都如此。何况，古埃及的女人打扮得比这可糟糕多了。我的意思是，这种打扮并不适合你，你让你的眉毛受了罪，嘴唇也没必要涂口红。"

"妈妈，我真的觉得这样我变得更漂亮了。"

"更漂亮了？！你确定吗？听着，明天早上，我会在你还没醒来、也没来得及把这些可怕的东西涂在脸上之前吻你，免得我心里不舒服。"

伊芙出门后，玛丽坐在那把吱呀作响的扶手椅上，读几首诗歌，或是看一会喜欢的小说，这些时间不会超过一小时。然后，她坐在地板上，四周都放着物理论文，她被围在中间，一直思考心中所想的问题，直到凌晨两点钟。

伊芙回到家后，发现母亲还在忘我地工作着，就连她是何时进来的都不知道。母亲一边用笔快速地写着，一边低声念叨，比她在波兰上学时回答老师问题的声音还小。

第十八章 在国外

　　1920 年 5 月的一天，太阳炙烤着大地，巴黎的栗树上全都开满了花，玛丽像往常一样认真地工作着，却发生了一件完全出乎她意料的事。

　　玛丽从不跟新闻界人士打交道，也包括女记者。她讨厌记者来采访她，讨厌媒体对她进行宣传。为了把那些想见她的陌生人打发走，她写了一些语气委婉、但毫无商量余地的纸条："居里夫人很遗憾……"

　　然而，住在美国的爱尔兰人有时却用谦卑的、真诚的态度说出让玛丽无法拒绝的话，使她改变心意。有一位名叫麦隆内的夫人写信给玛丽："我时常听从当医生的父亲的教诲，他说，不能随意夸大某个人。但是，这二十多年来，您在我眼里如此伟大。夫人，我渴望见到您，只会耽搁您短短的几分钟。"她的意思就像是在说："一个小人物也能拜见皇后吗？"玛丽破天荒地同意了她的请求："好吧。"

就在这个五月的某天早晨，麦隆内夫人早早地来到镭研究院，坐在那个小会客室里等待着玛丽，对接下来的情景她是如此描述的：

> 门被打开后，一位面色苍白憔悴、略显羞涩的女人走了进来，她忧愁的神情，乃我平生仅见。她身穿黑色的棉布衣服，她温和有礼地笑着，脸上是那种学识渊博的人常有的心不在焉的表情。我突然觉得自己就像一个冒昧的闯入者，感觉自己比她还要羞涩。我已经有了20多年的采访经验，可在这个毫无防备的女人面前，我竟提不出一个问题。

玛丽和麦隆内夫人谈起美国，谈起镭，这才使她紧张的情绪有所缓解。玛丽告诉她，美国有50克镭，就连每个城市具体有多少她也知道。

"那法国有多少呢？"麦隆内夫人问道。

"我实验室里只有一克多的镭。"

"您只有一克镭？"

"您是说我？不，我一点也没有，这一克镭属于我的实验室。"

而后，麦隆内夫人谈到了申请专利的事。她猜想，玛丽一定从用她的方法制造镭的那些人手里得到了很多钱。

"任何人都不能用镭来谋利。"玛丽严肃地说道,"镭只是一种元素,它属于全世界。"

麦隆内夫人觉得人们应该送给她一份礼物,作为她给这个世界所做贡献的回报。她才情不自禁地问道:"如果让您从世界上的所有东西中挑选一件,您会选什么呢?"

玛丽沉思片刻后回道:"我只要一克镭,继续进行我的研究。可是,镭太贵重了,我买不起。"

听到此话,麦隆内夫人决定动员美国人给玛丽捐一克镭。回国后,她希望十个有钱的女人每人捐出3000英镑,但遗憾的是只有其中三个人愿意出钱。无奈之下,她只有号召全美女性都来捐款。还不到一年,她就写信给玛丽:"钱已经凑够了,你将得到一克镭。"

这次筹款活动使美国妇女界很激动,"居里夫人镭基金委员会"很快被她们所熟知,大家都想见到居里夫人。但玛丽很不喜欢抛头露面,她不想去美国,但她们送的礼物又太贵重了。思考一番后,玛丽还是决定拒绝她们,于是,就找了一个借口,说不想和两个女儿分开。这有什么呢?美国人就热情地邀请她女儿跟她一起去,并告诉玛丽,总统将会亲自将这一克镭赠与她。

盛情难却,在美国的安排下,玛丽和两个女儿收拾行囊,住进了"奥林匹克号"游轮上最豪华的房间,前往美国。而在她出发之前,法国在歌剧院为她们举行盛大的欢送晚会,连著名演员萨拉和吉特利都登台表演了节目。似乎只有大西洋没有对科学表现出应有的尊敬，依然嘶吼着、滔天的海浪拍打着船身，这让玛丽由不得想起家乡那片平静蔚蓝的大海。

经过长途航行，"奥林匹克号"终于靠岸了，麦隆内夫人首先走出船舱，在她的身后，是玛丽母女三人，美国人对她们表示了无比热情的欢迎，那种真诚热烈的场面恐怕只有亲临现场的人才能真正体会到。码头上人山人海，为了迎接这位给人类带来变革的伟大人物，他们足足在码头上等了五个小时。这时正值盛夏，壮观的白色摩天大楼矗立在蔚蓝的天空下，码头上到处都飘荡着波兰、法国和美国国旗。由居于美国的学生、女孩子和300名妇女组成的波兰代表团，一起挥动着手中的红色和白色的玫瑰花，向玛丽表示致意。而玛丽则像个小孩一样，局促地安静地坐在甲板上的扶手椅上，麦隆内夫人帮她拿着帽子和手提包，让她调整坐姿，以便记者为她拍几张好相片——"居里夫人，请您把头往右再转一点。""请再往这边来一点！"……

整个美国因为玛丽的到来陷入了疯狂，他们是想让全世界的人们明白，科学家是多么伟大。玛丽为了科学事业可以付出一切，她淡泊名利，一心只为人类谋幸福，这些可贵可敬的精神深深地打动了美国人。

所以，美国人想尽一切办法来欢迎玛丽——全国各地的人都邀请她去做客，好像完全忘记了两地之间的距离；他们为她举行了一个500人参加的宴会，却不管宴会开的时间有多长；他们授予她各种荣誉称号，却不知她在法国早就拒绝了这一切；他们请她去参加大学典礼，却惊讶地发现她没有帽子和长袍；他们为她献上名贵的鲜花，却不知她最喜欢的是野花……尽管这些表达爱意和敬意的方式令玛丽疲于应付，但她完全能理解。但有件让她不能忍受的事，就是他们专门为她做了一件华美的长袍，丝绸让她被镭烧伤的手指极不舒服。

玛丽首先访问了女子学院。所到之处，都是穿着白色上衣、摇动小旗的女孩子，她们分列道路两边，有的会穿过田野，蜂拥着迎向她的车子。在纽约一次盛大的集会上，女大学生们排成一排长长的队伍，向玛丽鞠躬致敬后，挨个为她献上法国百合和美国玫瑰。而在一次各国大使和名流云集的晚宴上，她被授予"纽约荣誉市民"的称号。在这个晚宴上，除了玛丽，还有一个名人——钢琴家帕德列夫斯基——姐夫德鲁斯基曾请她去为他的演唱会加油助威过。

宴会结束后，为玛丽赠送一克镭的仪式开始了。

位于华盛顿的白宫为此仪式做了充足的准备。美国总统和所有知名人物齐聚白宫，热情地会见了玛丽，但是真正的镭却不在这里。让总统亲自将镭赠与玛丽，太过危险，毕竟它的辐射太强了，所以，赠送仪式上所用的镭只是仿制的，而真正的镭还在工厂里。

四点时，一群人从打开的两扇门走了进来，为首的是美国总统哈丁和被他挽着的玛丽。

接下来，是总统演讲时间，他说，玛丽不仅是一位伟大的科学家，同时，她还是一位贤妻良母。她除了日复一日地完成艰苦的工作外，还尽到了一个女人应尽的全部职责。

演讲结束时，总统交给玛丽一张羊皮纸——为她赠镭的证书，并给她脖子上挂上一串金灿灿的钥匙——用来开启装着真正的镭的盒子。随后，玛丽坐在那个蓝色的大厅里，所有宾客一一走上前来，伊蕾娜和伊芙代母亲和他们握手致意，因为玛丽太累了。

从表面看来，玛丽得到了一克镭，但事实并非如此。在举行捐赠仪式的头天晚上，麦隆内夫人把赠镭的证书拿给玛丽过目后，尽管当时已经很晚了，但她态度坚决地要求麦隆内夫人请一位律师作为公证人——这一克镭是赠与镭研究院的，而非她本人。当麦隆内夫人建议一周后再补办这个手续时，她一声哀叹："我怕我今晚就死了啊！"麦隆内夫人只得答应了她的请求。从这晚起，这一克镭其实已经归镭研究院了，而她又可以进行研究了。

除过此地外，玛丽还有其他地方要访问。玛丽到美国后的这些天，参加了很多活动，身心疲惫不堪，美国人深感惭愧，所以在后面的行程中，他们会尽最大努力保证玛丽的体力。有时，玛丽被安排在到达目的地的前一站下车，可当迎接她的人群明白过来后，就立即驱车前往车站接她；有时火车进站后，玛丽又被安排从背靠站台的另一侧下车，然后再越过铁轨。其实，这并没有让她变得更轻松，反而更加疲惫。所以，有时候，伊蕾娜和伊芙不得不做母亲的"替身"，代她参加一些活动或是聚会。

即便如此，玛丽还是亲临芝加哥，参加了波兰人为她举办的欢庆活动。在他们心里，她就代表了他们的祖国，她取得的成就即是波兰的成就。他们一看到玛丽就喜极而泣，想要亲吻她的手或衣服。

六月底，玛丽带着真正的、被装在一个精密的保险箱里的镭，乘坐"奥林匹克号"返回了巴黎。玛丽在日记中写道：她带回的不仅仅是镭，还有愉快的心情。此次美国之行，增进了法国、波兰两国与美国之间的友谊，为此，她感到很高兴。

回国后，玛丽突然意识到，自己原来对这个世界竟如此重要。她的名字、她每次露面所产生的影响，都能对她关心和热爱的事业产生积极的推动作用。于是，她开始去了更多更远的地方，参加各种典礼和宴会，慢慢地，她的名字传遍了每一个国家。她接连受邀访问了南美、西班牙、英国和捷克斯洛伐克。虽然她没去过中国，但很多人都知道她的名字，对她钦佩之至。

每次出行时，她对一切新奇的事都充满了兴趣，比如：鱼儿蹦出水面，在空中翻个身后，又游回水里；站在赤道上，为何自己的影子消失得无影无踪；在陌生的地方，她看见很多熟悉的野花，而那些不知名的野花又是什么呢？

除了那些让她心情变得愉悦的事物外，她还要完成一些别的、她也一直在为之奋斗的事。正如很多爱好和平的人一样，她对战争厌恶之极。战争期间，为了保家卫国，即使让她做一名普通的士兵，她也毫不犹豫；而在和平年代，她愿尽自己最大的努力，阻止以后有可能爆发的战争。她将大部分时间都用于科研工作，所以不会参加任何社会活动，但她却破例接受了国际联盟理事会的邀请，成了一名委员。此组织成员均由科学家组成，旨在保障国际和平与促进国际合作。玛丽不喜欢夸夸其谈，而是做起了实实在在的工作。一方面，要求全世界的科学家使用统一的科学术语，并整理出全世界所有的科学著作和科学发现，然后将目录统计成册，以供学生们参考。

另一方面，玛丽正在积极制定一个计划，以帮助世界上任何一个因为贫穷而没有发挥出自身才能的科学天才。她觉得，若是对天才视而不见，那简直太可怕了，为了帮助人类创建一个自由、和平、充满科学氛围的社会，她投入了全部精力。那时，位于巴黎的第一所镭研究院已经投入使用，玛丽决定在华沙也建立一座镭研究院。姐姐布罗尼亚在波兰积极响应她的号召，很快，倡议书贴满了波兰的大街小巷。接着，波兰所有邮局都开始印刷、出售印有玛丽头像的邮票；而明信片上也印着"请为建造居里研究院添砖加瓦"的字样，除此外，还有玛丽的亲笔题词："我最大的愿望，就是在华沙创建一所镭研究院。"

1925 年，玛丽回到华沙，她很高兴能参加镭研究院的奠基礼。波兰总统和玛丽先后为研究院砌下第一块砖，而后，总统笑着问她是否记得在他贫困潦倒时，她曾借给他一个靠枕。"记得，而且你还忘了还给我。"玛丽笑道。在为奠基仪式所搭建的主席台上，她还看到了著名演员科塔宾斯基先生，年少她曾送过他一个用野花编成的花环呢！而此刻，他正在向她致以赞美之词。

然而，作为镭研究院，却没有镭，这岂不是太过奇怪？麦隆内夫人再次向美国人发出呼吁，请他们再赠给玛丽一克镭。热情慷慨

我只惋惜一件事：日子太短，过得太快。一个人从来看不出做成了什么，只能看出还应该做什么……

——【法】居里夫人

的美国人再次帮助了她。玛丽亲赴纽约表达谢意，但与上次不同的是，这次她是代表波兰向美国致谢的。她被安排住在白宫，在那里，她发现了许多大的、小的、微型的大象模型，觉得有趣极了。离开时，她得到了一份礼物——两只大象模型：一只是用象牙雕琢而成的，另一只则小得几乎看不见。大象是美国当时的执政党——共和党的标志。玛丽带着两只象和一克镭回到华沙后，亲自指导研究院进行科研和救死扶伤的工作。

终于又回到了祖国，又再次漫步于维斯瓦河畔，玛丽想起年轻时的自己，也是那么迷恋这条奔流不止的大河，她给伊芙在信中感慨地写道：

水波荡漾，宽阔的河面仿佛与蔚蓝的天空连成一片，壮观极了。露出河面的沙滩上，在阳光下闪烁着迷人的光芒，河水绕过它向远处奔流而去。看着那些亮晶晶的沙滩，我突然想在上面悠闲地散散步……我记得有首歌是这样写的："美丽的河水啊，你的容颜让我沉醉，爱上你，我永不后悔。"事实的确如此。我爱它，它有一种独特的魅力，深深地吸引着我。

第十九章　休假

在布列塔尼有个地方，那里有湛蓝清澈的大海，岸边是红色的花岗岩峭壁和岩石。海上岛屿林立，在一定程度上阻挡了大西洋汹涌的海浪，所以，这里的海面平静无常。在岩石上，有几座渔民修建的小茅屋，这个小小的不能称之为村庄的小村落，名叫拉古埃斯特。在这里，随处可见渔妇们忙忙碌碌的身影，她们头戴宽大的白色亚麻布帽子，防止风吹雨淋。

在四周空空荡荡的地方，有一个就像灯塔一样的屋子，玛丽度假时就住在里面。虽住得简陋，但这里风景如画，令她陶醉不已。在拉古埃斯特，没有人认识玛丽，这位誉满全球的名人也成了一个普通人。村长慈眉善目，是个戴着眼镜的驼背小老头。他住在一间低矮的茅草屋里，五叶地锦和红色的金钟花从屋外的地上一直长到了屋顶。这位好客的老人总是热情地接待着来自各地的游客，屋里时时传出他们的欢声笑语。这间茅屋也是有名字的，因为它位于一片片果园中间，所以被称为塔山维昂，在布列塔尼方言里，意思就是"美丽的小果园"。只要不刮东风，茅屋的门会永远敞开着。来到村长家里的所有客人——玛丽、伊芙、伊蕾娜和丈夫约里奥、孩子们，还有其他科学家、作家，都很喜欢他，却没人知道，他就是当时最有学识的法国历史学家——查理·赛诺博斯。拉古埃斯特这个地方也是他发现的。每年夏天，这位博学多才的巴黎老人，都会来这里度假。

每天早上，玛丽都会戴上亚麻布帽子、穿上黑色的双排扣外套和那件很旧的裙子、踩着凉鞋，跟着与她穿得一样的拉古埃斯特的渔夫和渔妇们，小心翼翼地从峭壁上的小路走过，最后来到了一片山花遍地的草地上。

"早上好，居里夫人！"赛诺博斯笑着跟玛丽打招呼。

"早上好！"其他十五六个人也跟着玛丽向他问好。他们横七竖八地躺在花丛中，装束奇怪另类，就像一群吉普赛人。

玛丽把背包放在草地上，然后坐了下来。像很多地方一样，拉古埃斯特也有森严的等级制度，又与一般村子的制度又有所不同。在这里，位于最底层的人们被称为"俗人"，他们是迁居于此；第二种人被称作"大象"，他们是拉古埃斯特人的朋友，但遗憾的是他们不会游泳，不会下海捕鱼，觉得待在岸上可比水里舒服多了，因此，他们可以向拉古埃斯特人拜师学艺；第三种人，是享有一定地位的"水手"，最后一种人，是在这里备受尊崇的"鳄鱼"。他们精通水性，对各种游泳技巧如数家珍，而且能在大风大浪的海上扬帆划桨。玛丽从来都不是"俗人"，但也达不到"鳄鱼"的高度。刚来这里时，她只是一个"大象"，经过努力后，终于"升级"成为"水手"。

赛诺博斯一声令下，"水手"们解开停靠在码头的两只帆船和六只划艇，这支"舰队"快速划向岸边，那里是登船的地方。

"大家快点上船吧！"赛诺博斯招呼道，"我划尾桨，居里夫人划头桨，佩韩和波莱尔负责中部的大桨，弗朗西掌舵！"

船上的所有人都是教授，却不知是谁使的力气太大了，以至于这只白绿相间的小船在水面上转起了圈。舵手提醒大家："头桨和尾桨没有协调好！"玛丽脸红到了脖子跟，赶紧调整了下节奏。阳光洒在海面上，波光粼粼，"水手"们情不自禁地欢唱起来：

三个小家伙划着小船儿上小岛！

一路笑着一路划！

上小岛的，是三个小家伙……

唱到这里时，他们要调整下"水手"们的位置了，因为要到达罗斯夫拉，会经过一些水流湍急的地方，这就需要更加强壮的前桨手。罗斯夫拉是一个淡紫色的荒岛，这里是拉古埃斯特人的天然浴场。男人们在海鸥遍地的海边换衣服，女人们呢，则在几块大礁石形成的空隙里更衣，好在地上还铺着柔软的海草。

玛丽首先跳进清澈见底的水里，她虽然不能潜入水底，但也是一个游泳高手。在水中，她似乎变得年轻了许多。泳帽下是她灰白色的头发和满脸的皱纹，人们都被她优美的身形和灵活的泳姿所吸引，她也自得其乐，问伊蕾娜："波莱尔可比不了我，你说是吗？"伊蕾娜不善于奉承人，诚实地回道："是的，妈妈，你游得太好了！"

上岸后，玛丽一边晒着日光浴，一边吃着香脆的法式小面包。"这样的生活真好！"玛丽喃喃自语道，"我太喜欢了！"包括玛丽在内，面对如此美景，有谁还能更好地形容它吗？拉古埃斯特是世界上最美的地方，这一点，没有人不明白，一切赞美之词似乎又都成了多余的。

中午时分，"舰队"在"水手"们的歌声里返回了出发地。玛丽一手拿着凉鞋，一手提着裙摆，光脚踩在黑色的淤泥上，走到了岸边。沙滩上，一群海鸥正在追逐嬉戏。

大家各自回去吃饭，两点时，大多数人又从塔山维昂乘坐"野玫瑰号"出发了。包括那些帆船和划艇在内，这里所有的东西都属于赛诺博斯，但他乐于与朋友分享自己的财产。玛丽觉得坐游艇出游太浪费时间了，于是留在了自己的房间里修改论文，或者带上铁锹、园艺剪等工具，去花园修建花木。一不注意，芦苇和荆棘就会划破她的手臂，踢到碎石会让她扭伤脚，锤子有时也会砸在她手上，但她毫不在意。

六点时，玛丽会再洗一次澡，然后一边陪着此地年龄最大的一位老妇人聊天，一边等着"野玫瑰号"返航。晚饭时分，夕阳西下，"野玫瑰号"从金色的海面上缓缓靠岸。终于又回来了，"水手们"难掩兴奋之情，而姑娘们的头上都戴着漂亮的花，那是赛诺博斯每天从花园里给她们采的。

晚饭后，他们又相约去了赛诺博斯家里。他们在那里玩游戏或是猜谜语，有时也会举办舞会。在手风琴演奏的优美的舞曲中，无论是科学家或是农民，无论是主人或是仆人，都高兴地跳起了舞。

遇到月朗星稀的夜晚，玛丽和伊蕾娜、伊芙手挽着手，在海边那条小路上散步。突然间，海风骤起，海浪拍打在远处的礁石上，发出巨大的轰鸣声。它似乎在提醒玛丽，她的镭就如大海一样，虽然耀眼夺目，却又危险丛生。拉古埃斯特离潘波勒不远。拉古埃斯特人把大海当成了他们的游乐场，而潘波勒人以出海捕鱼为生，所以，大海带给人们的苦难，他们最为熟知。

每年休假时，玛丽都会来到波光粼粼的海边度假。在她工作的大多数时间里，都是和镭这种放射性物质打交道，所以，她吸收了太多的辐射。镭烧伤了她的双手，因为她不愿穿防护用具，却总不忘叮嘱同事们穿上它。更严重和更危险的是，镭对她的血液也产生了奇怪的、令人难以理解的变化，以至于连法国最有名的医生也对此无可奈何。

1934 年 7 月 4 日，因为一种未知的病，玛丽在群山环绕的桑塞罗谟疗养院逝世，终年 67 岁。医生们推测，她的去世，可能跟她的伟大发现——镭有关，因为她长期与镭接触，积累了过多的辐射量，最终威胁到了她的生命。